走近韩国
——韩国文化风情读本

〔韩〕孙大俊　著
荀振红　译注

著作权合同登记　图字：01-2009-0930

图书在版编目(CIP)数据

走近韩国：韩国文化风情读本/(韩)孙大俊著；苟振红译注. —北京：北京大学出版社，2009.8

ISBN 978-7-301-15590-5

Ⅰ.走… Ⅱ.①孙…②苟… Ⅲ.①朝鲜语-教材②韩国-概况 Ⅳ.H55

中国版本图书馆CIP数据核字(2009)第128047号

© Language Plus, 2008

All rights reserved. No part of this publication may be reproduced, stored or transmitted by any means without the prior permission of the publishers. It is for sale in the mainland territory of the People's Republic of China only.

本书由韩国Language Plus出版社授权北京大学出版社出版发行。

书　　　名：走近韩国——韩国文化风情读本
著作责任者：〔韩〕孙大俊　著　苟振红　译注
责 任 编 辑：宣　瑄
标 准 书 号：ISBN 978-7-301-15590-5/K·0605
出 版 发 行：北京大学出版社
地　　　址：北京市海淀区成府路205号　100871
网　　　址：http://www.pup.cn
电　　　话：邮购部 62752015　发行部 62750672　编辑部 62759634　出版部 62754962
电 子 邮 箱：ccxuan@hotmail.com
印　刷　者：北京飞达印刷有限责任公司
经　销　者：新华书店
　　　　　　787毫米×1092毫米　16开本　9.5印张　260千字
　　　　　　2009年8月第1版　2018年1月第4次印刷
定　　　价：39.00元

未经许可，不得以任何方式复制或抄袭本书之部分或全部内容。
版权所有，侵权必究　　举报电话：010-62752024
　　　　　　　　　　　电子邮箱：fd@pup.pku.edu.cn

前 言

　　语言是一个社会历史与文化的"镜子",通过语言也可以表现出一个人的"人格"。也就是说,由于语言是与社会一起形成并定型的,所以每个国家的语言都有自己独特的特征。另外,面部的表情或手势、身体姿势也可以完成单纯的意识传达作用,但只有语言才能准确地完成意识传达,而且语言中也蕴含着使用者的人格品质。所以从这个方面来讲,说语言既是社会的一面"镜子",又是"人格"的体现,是非常恰当的表达。

　　本书编写的初衷在于,希望韩语学习者能够在向纵深方向学习韩语的同时,理解韩国的历史与文化。本书有如下几个特点。

　　第一,为了使大家在掌握语言的同时了解韩国的社会及文化,本书包含了韩国的自然、风俗及历史等各种内容。希望通过此书,能够使目前生活在韩国的人或希望以后来韩国的人准确地理解韩国的文化。

　　第二,尽量使用简单的词汇及简短的句子。但由于内容中包含了很多韩国的固有文化,在某些地方各位外国读者可能理解起来较难。对这些内容,添加了简单的"注释",以帮助理解。

　　第三,如前所述,语言是一个社会的"镜子"。日常使用的语言中必然包含着那个社会独特的文化背景。所以附录二中收录了"韩国的生活礼节",各位读者在读此书之前,先学习一下这个部分会非常有益。

　　另外基于同样的道理,本书也收录了韩国社会的"惯用语"。举几个例子,在韩语中将"不必要的担心"叫做"担心也是命运";将"内心受累"说成"吃苦头",这些话如果直译为外语,恐怕别人会不懂这是什么意思。虽然这些表达方式对外国人来讲比较生疏难懂,但对于熟练掌握韩语却非常重要。所以本书的附录二第二部分选出了100个常用的重要惯用语,在讲解"意义"的同时附了"例句"。此外还有节气一览表、主要民俗活动目录及韩国年代表。

　　最后,希望本书能对想理解韩语及韩国文化的各位提供一些帮助。

[韩] 孙大俊

머리말

언어는 그 사회의 역사와 문화의 "거울"이자, 그 사람의 "인격"을 나타낸다고 합니다. 즉, 언어는 한 사회와 더불어 형성되고 가꾸어진 것으로, 각국의 언어는 나름대로의 특징을 가지고 있는 것입니다. 또한 단순히 의사 전달을 하는 것이라면 얼굴표정이나 손짓 혹은 몸짓으로도 가능하지만, 언어라는 것은 정확해야 하며 또한 사용하는 사람의 인격에 따른 품위가 있어야 합니다. 그러므로 언어가 그 사회의 "거울"이요 "인격"이란 말은 그러한 면에서 매우 적절한 표현인 것입니다.

이 책은 그러한 것을 염두에 두면서 어느 정도 한국어를 학습한 사람들이 보다 높은 차원의 한국어를 공부하고, 아울러 한국의 역사와 문화를 이해할 수 있었으면 하는 염원을 담아 엮은 것입니다. 그래서 이 책은 다음과 같은 몇 가지 특징을 가지고 있습니다.

첫째, 언어의 습득과 함께 한국의 사회와 문화를 이해할 수 있도록하기 위해서 한국의 자연과 풍습 그리고 역사 등 다양한 내용을 담았습니다. 이 책을 통해 현재 한국에서 생활하고 있거나, 혹은 앞으로 한국에 오기를 바라는 분들이 한국의 문화를 바르게 이해할 수 있기를 바랍니다.

둘째, 어휘는 가급적 어렵지 않게, 문장은 그다지 길지 않게 하려고 노력했습니다. 그러나 내용이 한국의 고유문화를 다루고 있으므로, 외국 분들에게는 좀 어렵게 느껴지는 점도 있을 것입니다. 그 점에 대해서는 간단한 "해설"을 달아서 이해를 돕고자 했습니다.

셋째, 앞에서도 말한 바와 같이 언어는 그 사회의"거울"입니다. 따라서 일상적으로 사용되고 있는 말 가운데는 그 사회만의 독특한 배경이 있는 것입니다. 그래서 **부록(2)에 "한국의 생활과 예절"**을 수록했는데 독자 여러분들이 책을 읽기 전에 이 부분을 먼저 공부하는 것도 매우 유익할 것입니다.

또한 같은 맥락에서 한국사회의 "관용어"라는 것이 있습니다. 몇 가지 예를 들면 한국어에서 '쓸데없는 걱정을 하는 것'을 "걱정도 팔자다"라 하고 '마음고생을 하다'를 "애를 먹다"라고 하는데 이런 말들은 외국어로 직역을 해 버리면 무슨 뜻인지 알 수 없습니다. 이러한 표현들은 외국인들에게는 생소하고 어렵지만 세련된 한국어를 구사하기 위해서는 매우 중요한 것입니다. 그래서 이 책에서는 부록(2)에 중요한 관용어 100개를 골라서 그 〈의미〉와 함께 〈용례〉를 첨부하였습니다. 그 밖에도 부록으로 절후 일람표와 주요 민속행사 목록 및 한국 연대표를 붙였습니다.

마지막으로 이 책이 한국어와 한국 문화를 이해하려는 여러분에게 많이 도움이 되기를 바랍니다.

손 대 준

目　录

第一章　韩国的自然与季节

第一课 ·· 2
   1. 韩国的自然 ··· 2
      한국의 자연
   2. 韩国的四季及岁时风俗(一)(春、夏) ································· 3
      한국의 사계절과 세시풍속(1)(봄·여름)

第二课 ·· 9
   3. 韩国的四季及岁时风俗(二)(秋、冬) ································· 9
      한국의 사계절과 세시풍속(2)(가을·겨울)

第二章　韩国人的一生

第三课 ·· 15
   1. 出生 ·· 15
      출생
   2. 周岁宴 ··· 16
      돌잔치
   3. 结婚 ·· 17
      결혼
   4. 花甲 ·· 19
      환갑
   5. 葬礼 ·· 19
      장례

第三章　韩国传统艺能

第四课 ·· 23
   1. 唱剧(盘索里) ·· 23
      창극 (판소리)

第五课 ·· 29

    2. 传统舞蹈 ··· 29
       전통무용

    3. 假面舞 ··· 32
       가면무(탈춤)

第六课 ·· 36

    4. 民俗游戏 ··· 36
       마당놀이

第四章　韩国的主要民俗活动

第七课 ·· 42

    1. 江陵 端午祭 ·· 42
       강릉 단오제

    2. 庆州 新罗文化祭 ·· 43
       경주 신라문화제

    3. 扶余、公州 百济文化祭 ···································· 45
       부여·공주 백제문화제

    4. 南原 春香祭 ·· 47
       남원 춘향제

第八课 ·· 49

    5. 全州 丰南祭 ·· 49
       전주 풍남제

    6. 安东 民俗祭 ·· 51
       안동 민속제

    7. 济州 耽罗文化祭 ·· 52
       제주 탐라문화제

第五章　今日韩国

第九课 ·· 56

    1. 韩国的政治 ·· 56
       한국의 정치

2. 韩国的经济 ·· 57
   한국의 경제

3. 韩国的社会 ·· 58
   한국의 사회

第十课 ·· 60

4. 韩国的宗教 ·· 60
   한국의 종교

5. 韩国的巫俗 ·· 62
   한국의 무속

6. 韩国的风水地理 ·· 63
   한국의 풍수지리

第六章　韩国历史散步

第十一课 ·· 66

1. 古朝鲜 ·· 66
   고조선

2. 檀君神话 ··· 67
   단군 신화

3. 高句丽的历史与文化 ··································· 69
   고구려의 역사와 문화

第十二课 ·· 71

4. 百济的历史与文化 ····································· 71
   백제의 역사와 문화

5. 伽倻的历史与文化 ····································· 73
   가야의 역사와 문화

6. 统一新罗的历史与文化 ······························· 74
   통일신라의 역사와 문화

第十三课 ·· 77

7. 高丽时代与国际关系 ·································· 77
   고려시대와 국제관계

8. 朝鲜时代与对日关系 ·· 79
   조선시대와 대일관계

附录一　课文译文 ·· 81
附录二 ·· 110
  1. 韩国的生活礼节 ·· 110
     한국의 생활예절
  2. 主要惯用语的用法 ·· 116
     주요 관용어의 용법
  3. 节气一览表 ·· 131
     절후(節候) 일람표
  4. 主要民俗活动目录 ·· 135
     주요 민속행사 목록
  5. 韩国年代表 ·· 141
     한국 연대표

第一章　韩国的自然与季节

　한반도는 산지가 전국토의 66%를 이루고 있어서 평야보다 산지가 많습니다. 특히 북부지방은 남부에 비해서 산지가 많고 지하자원이 풍부하며 남부는 북부에 비해서 평야가 많은 편이어서 쌀을 비롯한 여러 가지 농작물이 풍부합니다. 예전에는 산천이 아름다워 금수강산이라 했지만 오늘날 산업화가 이루어져 새로운 환경 문제가 일어나고 있습니다.

第一课

思考题

- 一、朝鲜半岛的北部、中部及南部地形各有什么特点？
- 二、寒食的由来是？
- 三、韩国的夏季有哪些风俗？
- 四、韩国春季与夏季的气候特点分别是？

1 韩国的自然
한국의 자연

　　한반도의 자연 환경은 북부·중부·남부의 세 지역으로 크게 나눌 수 있습니다. 우선 북부는 백두산을 주봉으로 하는 장백산맥과 압록강·두만강이라고 하는 큰 강이 있습니다. 이 북부의 지형은 "반도의 지붕"이라 일컬어지는 개마고원과 그 주위의 해발 2,000m 이상의 산지가 동해안쪽으로 기울어진 모습을 이루고 있습니다. 개마고원이란 백두산의 동서로 펼쳐진 표고 1,000m부터 2,000m의 고원지대로, 상수리나무·졸참나무·소나무 등의 산림자원이 풍부하고 북한의 주된 목재생산지입니다. 또 구리·철·금·마그네사이트 등의 지하자원도 많이 매장되어 있습니다.

　　그리고 중부는 태백산맥이 마치 등뼈처럼 동서의 분수령을 이루며 명산 금강산을 비롯해서 아름다운 산들이 이어지고 있습니다. 이들 산들은 오랜 세월에 걸쳐서 침식과 풍화작용을 받아 산맥이라 하기에는 어울리지 않게 비교적 낮은 산들이지만 기암과 절벽이 많아서 수려한 산세를 이루고 있습니다.

　　남부는 소백산을 중심으로 서해와 남해를 향해서 긴 강과 비교적 넓은 평야가 펼쳐지고 있습니다. 평야로서는 "한국의 곡창지대"라 일컬어지는 만경강과 동진강 유역의 호남평야와 영산강 유역의 나주평야가 가장 대표적입니다. 호남평야는 전라북도의 서반부에 펼쳐져 있는 한국 최대의 평야입니다. 동서로 길이 약 50km, 남북으로 길이 약 80km에 이르며, 동진강 유역의 것을 김제평야, 그리고 만경강 유역의 것을 만경평야라 부르고 있습니다.

 그러나 한반도는 전 국토의 66%이상이 산지입니다. 그리고 서해안과 남해안은 굴곡이 심하고 많은 섬들이 산재하고 있으며 아름다운 경관을 자아내고 있습니다. 이러한 강토를 한국인들은 옛날부터 "금수강산"이라 불러서 자랑으로 여기고 있습니다. 금수강산이란 "비단에 자수를 놓은 것처럼 아름다운 산하"라는 의미인데, 여기에도 자연을 그지없이 사랑하는 한국인의 마음이 잘 나타나고 있습니다.

 그러나 유감스럽게도 오늘날 남북은 각각 나라 이름을 달리하는 분단국이 되어버렸습니다. 그래서 우리들은 이 비극이 하루라도 빨리 치유되는 날을 고대하고 있습니다.

 한국의 경승지역은 크게 두 가지로 나누어 생각할 수 있습니다. 하나는 국립공원 등 법률에 의해서 보호받고 있는 지역과 다른 하나는 이와 같은 법적 보호를 받고 있지 않는 지역입니다. 전자는 동·식물과 지질 등의 자연환경이 법률이 정하는 바에 따라 비교적 관리가 잘 되고 있지만, 후자의 경우는 각종 개발이란 이름으로 자연파괴가 공공연히 이루어지고 있어서 그 대책이 절실하게 요구되고 있습니다.

2 韩国的四季及岁时风俗(一)(春、夏)
한국의 사계절과 세시풍속(1)(봄·여름)

 한국은 봄·여름·가을·겨울의 사계절이 뚜렷합니다. 오랜 역사가 흐르면서 농업국가였던 한국은 이 사계절에 따라서 자연스럽게 여러 가지 민속적 행사를 형성하여 왔습니다. 민속행사 가운데는 후대에 정부나 관청에 의해서 만들어진 기념일과 같은 것도 있지만, 여기서 말하는 것은 주로 전자를 말합니다.

 이들 가운데에는 한민족의 역사와 전통 그리고 선조들의 애환이 스며들어 있습니다. 그리고 더욱 중요한 것은 이것들이 단순한 역사적 유물이 아니라 오늘날도 한국인들의 일상생활 속에서 숨을 쉬고 있다는 것입니다. 빠르게 변하는 현실 속에서도 우리의 생활에는 설이나 보름 등의 민속행사가 아직도 뿌리를 깊이 내리고 있습니다. 뿐만 아니라 무당①이나 점쟁이 혹은 풍수사② 등이 여전히 한국인 생활에 적지 않은 영향을 주고 있습니다. 다음에 각 계절과 주요한 세시풍속에 대해서 설명하겠습니다.

 기상학적으로는 3월과 4월 그리고 5월, 3개월을 봄이라 부르고 있습니다. 그러나

---

① 무속에서 신과 인간의 중개 구실을 한다고 믿겨졌으며, 굿을 하고 인간의 길흉(吉凶)을 점치기도 한다.
② 지관(地官)이라고도 하며 풍수설에 의해서 집터나 묘터 혹은 절터 등을 잡아주는 사람.

실제로는 2월 말경에 들판의 나무들에 새싹이 돋아나는 시기부터 4월 말경까지를 봄철이라 할 수 있습니다.

이 시기가 되면 겨울 동안 확장되었던 한랭한 시베리아 고기압이 약화되면서 온난한 양쯔강 유역에서 발생한 이동성 고기압이 한반도를 통과하게 됩니다. 이에 따라 기온이 점차 올라가서 맑고 화창한 날씨가 나타나며 들과 산에는 꽃이 피고 농작물의 씨앗이 뿌려집니다. 그러나 이른 봄에 약화되었던 시베리아 기단이 다시 세력을 되찾으면 꽃샘추위가 닥치기도 합니다.

맑고 화창한 날씨가 계속되고 곳곳에 꽃이 만발한다.

봄에는 대체로 대기가 건조하기 때문에 산불이 자주 발생하고, 종종 동진하는 이동성 고기압의 후면에 저기압이 따라오게 되면 흐리고 봄비가 자주 내리기도 합니다. 한편 대륙에서 황사가 불어와 대기가 심하게 오염되기도 합니다. 이 봄철에는 다음과 같은 세시풍속이 있습니다.

일 년의 절기(節氣)①상에 있어서 그 해의 시작은 입춘부터라고 합니다. 이것은 태양력의 2월 4일경에 해당하지만, 음력으로는 12월에 들어가 있는 경우도 있으며 드물게는 1월이나 2월이 되는 경우도 있습니다. 이 입춘은 글자 그대로 "봄의 시작"이며 새로운 해가 시작되는 것을 의미하기도 합니다.

한국에서는 이때에 복된 의미를 포함하는 "입춘대길(立春大吉)·건양다경(建陽多慶)", "국태민안(國泰民安)·가급인족(家給人足)", "소지황금출(掃地黃金出)·개문만복래(開門萬福來)", "부모천년수(父母千年壽)·자손만대영(子孫萬代榮)" 등의 글귀를 써서 "入"자 모양으로 대문이나 기둥 혹은 천장에 붙이는 관습이 있습니다.

동지로부터 105일째에 해당하는 날을 한식이라 합니다. 음력 3월에 들어가는 해도 있지만 대체로 2월이 되고 있습니다. 한국

---

① 태양년을 24개로 나누어 계절을 나타내는 말로 사용하고 있다. 즉 입춘·우수·경칩·춘분·청명·곡우·입하·소만·망종·하지·소서·대서·입추·처서·백로·추분·한로·상강·입동·소설·대설·동지·소한·대한이 그것이다.(부록 2 참조)

에서는 이날 조상의 산소를 찾아가 차례를 올립니다. 그리고 묘가 손상되고 있는 경우에는 잔디를 심거나 수리를 하는데 이것을 "개사초"라 말합니다.

한식에는 따뜻한 밥을 먹지 않고 찬밥을 먹는 풍습이 있는데 이것은 바람이 심하게 부는 이 시기에 불조심을 한다는 뜻이 있지도 하지만 다음과 같은 유래도 있습니다.

진나라의 충신 개자추는 간신들의 비방을 받아 금산에 숨어버렸습니다. 개자추를 아끼던 문공은 그의 충성심을 알고 그를 찾았으나 산에서 나오지 않자 그를 나오게 하기 위해서 산에 불을 놓았습니다. 그러나 개자추는 끝내 나오지 않고 산에서 불타 죽었습니다. 그는 문공이 국난을 당해 국외로 탈출하고 있을 때, 배가 고파 죽게 된 왕에게 자기 넓적다리 살을 베어 주어서 먹인 충신이었던 것입니다. 후에 사람들은 그의 충성심을 기리고 그의 혼을 위로하기 위해 찬밥을 먹기 시작했고, 여기에서 "한식"이란 이름도 비롯되었습니다.

사월초팔일

음력 4월 초팔일은 석가의 탄신일로서 "욕불일"이라고도 합니다. 이 날에는 불교도들은 절에 가서 석가의 탄신을 축하하는 의미의 연등을 켜고 불공을 드립니다. 이날을 며칠 앞두고 가정이나 절에서는 여러 가지 등을 만듭니다. 상점에서 만들어 놓은 것을 사는 경우도 있습니다만 가정에서 만들 때에는 가족 수에 맞추어 여러 개를 만들기도 합니다.

이러한 풍속은 신라시대부터 시작되었지만 지금은 사찰을 중심으로 실시되고 있습니다. 마당에 장대를 세워서 그 장대 위에는 꿩의 꼬리털을 꽂고 예쁘게 물들인 비단 깃발을 세우는데 이것을 "호기 (呼旗)"라고 합니다. 그리고 이 깃발에 끈을 매어 등을 맨다는 것입니다. 사찰에서는 이 날 신도들이 모여서 엄숙한 기념행사를 실시합니다. "욕불일"이란 이름에 어울리게 탄생불을 목욕시키는 것도 그 가운데 하나입니다. 즉, 석가는 태어나자마자 곧 일어서서 7보를 걷고 "천상천하 유아독존(天上天下 唯我獨尊)"이라고 말씀하셨다고 해서 제석천이 하늘에서 내려와 성수로 목욕시켰다고 하는데 탄생불에 감차(甘茶)를 붓는 의식이 바로 그것입니다. 그리고 수많은 신도들은 여러 가지 장식품을 만들어서 시내의 제등 행렬에 참가합니다.

석가모니불상.

第一章　韩国的自然与季节

여름

한국의 여름은 크게 장마철과 한여름철로 나누어집니다. 초여름을 지나 6월 하순이 되면 차고 습한 오호츠크해 기단과 고온 다습한 북태평양 기단의 충돌로 인해 동서로 길게 발달한 장마전선이 북상하면서 많은 비를 내리게 됩니다. 장마철에는 흐리고 습한 날씨로 인하여 일교차가 작으며 불쾌지수가 높아집니다. 그러나 장마전선의 북상이 정체되거나 빠르게 한반도를 통과하는 경우에는 강수량이 적어 용수가 부족해지기도 합니다.

7월 중순을 지나 장마전선이 중국동북지방으로 북상하게 되면 한반도 전역은 북태평양 고기압의 영향권에 들어 남쪽은 높고 북쪽은 낮은 기압배치가 이루어지고 한여름에 접어들게 됩니다. 날씨는 맑고 무더워 밤에도 열대야가 계속되기도 하며 국지적으로 강한 상승기류가 발생하여 소나기가 자주 내립니다. 태풍은 대개 한여름에서 초가을에 걸쳐 2~3회 통과하면서 풍수해를 일으키기도 합니다.

무더운 한여름 날씨를 견디기 위해서 한국인들은 전통 생활양식으로 삼베, 모시옷을 입으며, 소금이나 간장에 담근 염장식품을 즐겨먹습니다. 또 요즘은 관공서나 회사들이 주 5일제를 실시하면서 여름 휴가철에 휴양지는 많은 사람들로 붐비게 됩니다. 그리고 이 계절의 세시 풍속으로는 다음과 같은 것이 있습니다.

한국의 산은 바위와 절벽이 많아서 수려한 산세를 나타내고 있습니다.

단오

5월 5일의 단오절은 중국에서 시작되고 한국을 거쳐 일본까지 전해진 풍속으로, 천중절이나 중오절 혹은 단양 등으로도 불리고 있습니다. 원래 농업의 풍양을 기원하는 제삿날이었지만 지금은 특히 농촌의 축제일이 되고 있습니다. 각 가정에서는 수리치 떡 등 맛있는 음식을 만들어서 먹습니다.

한국에서는 단오절에 남자들은 씨름을 하고 여자들은 그네뛰기 등을 하며 즐깁니다. 또 창포를 삶은 물로 머리를 감으면 윤기가 난다고 해서 여자아이들이 머리감기를 하는 것도 단오절 행사 가운데의 하나입니다.

유두일

음력 6월 15일을 유두일이라 합니다. "유두"라고 하는 것은 신라시대부터의 풍속으로 액막이로 "동쪽방향으로 흐르는 깨끗한 계천에 가서 머리를 감고 목욕을 한다"는 의미의 "東流頭沐浴"(동유두목욕)을 줄인 말입니다. 이 날에는 사람들은 하루를 맑은 마음으로 보냅니다. 이렇게 함으로써 불길한 것이 씻기고 여름을 타지 않고 무사히 보낼 수 있다고 믿었습니다. 이 날에 술과 여러 가지 음식을 만들어서 계류나 수원지를 찾아 풍류를 즐기는 것을 "流頭宴"(유두연)이라고 합니다.

이 계절은 새 과일이 나오는 시기이기 때문에 수박이나 참외 등을 수확해서 국수나 떡을 만들어 사당에 차려 놓고 제례를 지냈는데 이를 "流頭薦新"(유두천신)이라 합니다. 유두일에 국수를 먹는 것은 여름을 타지 않고 오래 산다는 믿음에서 비롯된 것입니다.

삼복

역법상의 하지(양력6월 21일경)로부터 세 번째의 경일(庚日, 간지의 일곱 번째)을 초복이라 말하며 네 번째의 경일을 중복, 그리고 입추(양력 8월 8일~9일경)부터 최초의 경일을 말복이라 해서 이들을 모두 합쳐 삼복이라 합니다. 약 1개월에 걸치고 있습니다.

이 시기는 일 년 중 가장 더우며, 이 때가 되면 더위를 피해 산이나 계곡으로 떠나는 사람이 많아집니다. 한국인이 즐겨 먹는 음식으로는 삼계탕과 개고기가 있습니다. 삼계탕은 닭의 배를 갈라서 인삼과 대추, 찹쌀 등을 넣어서 푹 삶은 것으로 남녀노소 누구에게나 인기가 많은 여름철 대표 보양식입니다. 삼계탕 외에도 개고기를 먹는 사람들도 있는데 개고기를 먹으면 사기(邪氣)와 질병을 피할 수 있다고 하여 "보신탕"이라 부르기도 합니다. 한국 속담에 "심한 폭력을 가하는 것"을 "복날에 개 패듯 한다"고 하는데 이 시기는 이를테면 "개의 수난기(受難期)"라고 할 수 있습니다. 개고기를 식용으로 한다는데 대해서 동물애호가들은 의문을 제기하기도 합니다.

한국에서는 이 시기에 찹쌀로 만든 경단을 넣은 팥죽을 먹는 곳도 있습니다. 팥죽은 사귀를 쫓는 음식이라 믿었기 때문입니다.

第一章　韩国的自然与季节

칠석

음력 7월 7일을 "칠석"이라 합니다. 이날 밤 소녀들은 직녀성에게 바느질을 잘할 수 있게 빌며, 공부하는 소년들은 칠석을 제재로 삼아 시를 짓기도 했습니다. 이와 같이 소년소녀들이 견우성과 직녀성을 숭상하고 경건한 마음으로 맞이하는 것은 다음과 같은 애절한 이야기가 있기 때문입니다.

견우와 직녀는 은하수를 사이에 두고 동서로 갈리고 있지만 서로 사랑하는 사이인 것입니다. 그러나 은하수에 다리가 없기 때문에 서로 만날 수가 없습니다. 견우와 직녀의 이러한 애틋한 사정을 알고 매년 칠석날 밤이 되면 지상에 있는 까마귀와 까치가 하늘에 올라가서 은하수에 오작교를 걸어 줍니다. 이렇게 해서 견우와 직녀는 일 년에 한 번 만날 수 있게 된 것입니다. 그러나 사랑을 이루기 전에 닭이 울고 동녘이 밝아지면 또 헤어지지 않으면 안 됩니다. 견우와 직녀는 또 일 년 동안 베를 짜고 밭을 갈면서 고독을 견디지 않으면 안 됩니다.

单词

개마고원 盖马高原	꽃샘추위 料峭春寒
만경강 万顷江	입춘 立春
동진강 东津江	한식 寒食
호남평야 湖南平原	욕불일 浴佛日
나주평야 罗州平原	오호츠크해 기단 鄂霍次克海气团
김제평야 金堤平原	북태평양 기단 北太平洋气团
만경평야 万顷平原	단오(절) 端午(节)
금수강산 锦绣河山	유두일 流头日
점쟁이 算命先生	삼복 三伏
풍수사 风水师	칠석 七夕

第二课

思考题

- 一、韩国秋季最出名的风景是什么？
- 二、韩国一年中最大的两个节日是什么？
- 三、韩国秋季的岁时风俗有哪些？
- 四、韩国冬季的岁时风俗有哪些？

3 韩国的四季及岁时风俗(二)(秋、冬)
한국의 사계절과 세시풍속(2)(가을·겨울)

8월 하순이 지나면 북태평양기단이 약화되어 북상했던 장마 전선이 남하하면서 초가을 장마가 2~3일간 짧게 나타납니다. 이후 시베리아에서 옮겨 온 이동성 고기압의 영향으로 맑고 쾌적한 날씨가 계속되며 상당히 선선해집니다. 기상학에서는 양력 9월과 10월 그리고 11월의 3개월을 가을이라 하고 있습니다. 이때의 풍부한 일조량은 작물의 결실에 큰 영향을 미쳐 풍성한 수확기를 맞이하게 됩니다. 그래서 많은 한국인들은 가을을 "천고마비"의 계절 혹은 "결실"의 계절이라고 하며, 가을을 가장 좋아하는 계절로 꼽습니다. 그리고 늦가을이 되면 이동성 저기압의 통과로 가을비가 종종 내리게 되고 기온이 급히 내려가면서 겨울로 접어들게 됩니다.

한국의 가을이라고 하면 각처의 명산들의 단풍놀이를 빼놓을 수 없습니다. 단풍으

장엄하고 기기한 모습의 연봉들이 모여서 아름다운 장관을 이루고 있는 금강산 점선봉.

第一章　韩国的自然与季节

로 유명한 것은 내장산·지리산·설악산 등이 있지만, 역시 가장 볼만한 곳은 설악산이라 할 수 있습니다. "바위가 눈처럼 희기 때문에 설악산이라 이름 지어졌다"고 하는데 가을에는 산전체가 아름다운 단풍으로 덮여 그것이 기암괴석의 희고 검은 살결과 어울려 일대경관을 자아냅니다. 최근에는 금강산① 관광이 자유로워져서 금강산의 절경도 즐길 수 있게 되었습니다. 이 시기의 세시 풍속으로는 민족 최대의 명절인 추석이 있습니다.

추석

음력 8월 15일의 "추석"은 일 년의 연중행사 가운데 "설날"과 더불어 최대의 명절입니다. 이날은 "중추절"·"가배일" 또는 "한가위"라고도 하며 중추의 달맞이를 즐기는 축제일이기도 합니다.

추석의 유래는 신라의 제 3대 유리왕 시대로 거슬러 올라갑니다. 즉, 유리왕은 백성들에게 길쌈을 장려하기 위해서 서라벌의 부녀자들을 동서의 두 패로 나누어 매년 8월 보름이 되면 어느 편이 더 많이 짰는지 심판을 하고, 진 쪽에서 술과 음식을 내놓고 승자를 축하하는 자리를 열어 노래와 춤을 즐겼다고 합니다. 그리고 그 날은 관리들도 모두 나와서 풍성한 음식을 만들고 노래와 춤을 즐겼습니다. 서라벌에서는 이 날을 "궁중에서의 즐거운 행사"라는 뜻으로 "가배"(嘉俳)라고 했다는데 이것이 그 뒤에 "한가위"라 일컬어졌으며 오늘날까지 이어지고 있는 것입니다.

오늘날의 추석은 송편②을 빚고 한 해 동안 농사를 지은 햇곡식과 여러 가지 과일로 조상의 제사를 지내는 것이 주된 행사입니다. 또 지방에 따라서는 여러 가지 민속행사가 열리고, 평소에는 생활을 위해서 여기 저기 흩어져 살고 있는 가족들이 모두 고향으로 모이기 때문에 설날과 더불어 귀성을 위한 차들로 고속도로가 막히고 기차표나 비행기표는 일찌감치 동이 납니다. 이러한 모습을 "민족대이동"이라고 표현하기도 합니다.

겨울

겨울철에는 아시아대륙의 내부에 시베리아 고기압이 강하게 발달하고 한편에서는

---

① 태백산맥 북부 강원도(북한) 금강군·고성군·통천군에 걸쳐 광범위하게 펼쳐진 산. 계절에 따른 아름다움이 각각 달라, 봄에는 금강산(金剛山), 여름에는 봉래산(蓬萊山), 가을에는 풍악산(楓嶽山), 겨울에는 개골산(皆骨山)이라고 한다. 1998년 9월부터 남북 분단 50여년 만에 금강산 관광이 시작되었고, 동해항에서 북한의 장전항까지는 배로 분단선을 넘고 외금강 온정리에서 관광이 시작된다. 지금은 육로 관광이 허용되고 구룡연 코스와 만물상 코스, 삼일포·해금강 코스가 개방되어 있다.

② 대표적인 추석 음식으로, 전하는 말로는 송편을 예쁘게 잘 빚어야 시집을 잘 간다고 하여, 여성들은 예쁘게 손자국을 내며 송편을 정성스럽게 빚었다. 반달 모양의 송편에는 꿀·밤·깨·콩등을 넣어 맛 있게 떠냈으며, 이 때 솔잎을 깔아 맛므로만이 아니라 후각적인 향기와 시각적인 멋까지 함께 즐기는 음식이다.

북태평양 상에 저기압이 형성되어 서쪽은 높고 동쪽은 낮은 기압배치가 됩니다. 이 때문에 차갑고 건조한 북서 계절풍이 불어와 대체로 맑고 추운 날씨가 됩니다. 특히 시베리아 고기압이 주기적으로 발달하고 또 쇠퇴함에 따라 3~4일간은 전국적으로 추워지다가 다음 3~4일간은 기온이 다소 올라가는 날이 잦아집니다. 한국인들은 이것을 "삼한사온"(三寒四溫)이라 부르고 있습니다.

스키는 겨울 스포츠 가운데 가장 인기가 있다.

이러한 겨울의 심한 추위 때문에 한국에서는 촌락이나 집의 구조가 "배산임수"(背山臨水)①의 형식으로 되어 있는 경우가 많고 남향집을 선호합니다. 이 계절이 되면 한국인은 솜옷과 온돌방에 친밀감을 느낍니다. 그리고 김장②을 담그는 등 주부들의 일손도 바빠집니다.

최근은 생활수준의 향상에 수반하여 한국에서는 여러 가지 스포츠를 즐기는 사람들이 늘어났습니다. 특히 겨울 스포츠로서의 스키는 대단히 인기가 많아서 서울 근교의 용평스키장을 비롯해서 전국의 스키장에서는 겨울을 즐기려는 사람들로 붐빕니다. 뿐만 아니라 요즘에 와서는 동남아 여러 나라의 관광객들이 겨울철에 한국의 스키장을 많이 찾아오고 있습니다. 이 계절의 세시풍속으로는 동지가 있으며 또 추석과 더불어 최대의 명절인 설날과 대보름이 있습니다.

동절기상에 있어서는 음력 11월에 동지(양력으로는 12월21일~23일경)가 들어있습니다. 동지는 "아세"(亞歲) 또는 "작은설"이라고도 불렀는데, 이는 옛날에는 동지를 "설날"로 보았기 때문이며 오늘날도 민간에서는 "동지 팥죽을 먹고 한 살 더 먹는다"고 합니다. 이 동지는 절기상으로는 하지와 대치되는 것으로, 하지는 낮이 가장 길고 밤이 가장 짧은데 반해서, 동지는 밤이 가장 길고 낮이 가장 짧은 날입니다. 한국에서는 11월을 가리켜 "동짓달"이라 부르고 있는 데서도 알 수 있듯이 일 년의 절기 가운데서도 가장 중요시되고 있습니다.

동지 날에 주문으로써 "蛇"자를 써서 이것을 거꾸로 문 위에 붙여 놓으면 사귀가

---

① 마을을 만들거나 집을 지을 때에 북쪽의 산을 배경으로 하고, 강이나 호수를 전면으로 바라보는 것을 최고의 입지로 생각했다.
② 김장은 엄동(嚴冬) 3~4개월간을 위한 채소 저장의 방법으로 한국에서 늦가을에 행하는 독특한 주요 행사이다. 이때 담근 김치를 보통 김장김치라고 한다.

第一章　韩国的自然与季节

들어오지 않는다고 믿었습니다. 그리고 동지 날이 따뜻하면 다음 해에 전염병이 유행해서 많은 사람이 죽는다고 여겼으며, 반대로 눈이 많이 내려서 추우면 풍년이 된다고 믿었습니다.

그리고 동지 날에는 지금도 많은 가정에서 팥죽을 끓여서 먹습니다. 이 팥죽에는 화를 막는 주술적 효과가 있다고 믿어졌는데, 고대 중국의 영향을 받은 것으로, 이야기는 다음과 같습니다. 옛날 중국에 공공(共工)이란 사람에게 아들이 하나 있었는데 동지 날에 죽어서 역귀가 되었다고 합니다. 그런데 이 역귀는 팥을 싫어했기 때문에 팥죽을 먹음으로써 화를 막는 풍습이 생겼다고 하는 것입니다.

설날

음달력 상 일 년의 시작은 역시 "1월 1일"입니다. 그러나 한국에서는 음력 1월 1일을 "설날(구정-舊正)"이라 하여 최대의 명절로 삼고 있습니다. 구정 전날, 즉 섣달 그믐날에는 아이들은 "설빔"①이라 해서 고운 옷으로 갈아입고, 어른들은 이날 밤 집안 어른들에게 일 년 동안 무사히 보낸 것을 감사해서 절을 드리는데 이것을 "과세"라고 합니다. 해가 바뀌면 바빠지기때문에 미리 세배를 드리는 습관이 있었던 것입니다.

또 이날에는 눈이 내리면 풍년이 든다고 믿었으며, 이날 밤 잠을 자면 눈썹이 하얘진다고 해서 방과 마당 등에 불을 켜 놓기도 했습니다. 그리고 가족들은 윷놀이를 하거나, 아이들에게 옛날이야기를 들려주면서 밤을 새우는 습관도 있었는데 이것을 "수세"(守歲)라 합니다.

그리고 설날에는 아침 일찍 일어나서 세수를 하고 심신을 맑게 한 뒤 새해를 맞이합니다. 그리고 가족이 모여서 조상에게 인사를 드리는데 이것을 "차례"라고 합니다. 차례가 끝나면 연장자에게 건강과 장수를 축하하는 마음을 담아서 어른에게 "세배"를 하며 가족끼리도 새해의 인사를 주고 받습니다. 세배를 할 때에는 연장자는 여러 가지 교훈적인 이야기를 합니다만 이것을 "덕담"(德談)②이라 합니다.

설날에는 조상의 산소에 성묘를 하러 가며, 떡국을 먹고 도소주③를 마시기도 합니다. 도소주를 마시면 일년내내 병에 걸리지 않고 건강하게 지낼 수 있다고 믿었습니다. 오늘날에는 보통 제주(祭酒)를 도소주로 마시고 있습니다.

설날에는 가족이 모여서 윷놀이도 하고, 남자들은 연날리기를, 여자들은 널뛰기를 하며 즐겼습니다. 지방에 따라서는 악귀를 쫓고 풍작을 기원하는 지신밟기나 탈춤, 모내기놀이 등을 하며 설날을 지냈습니다.

---

① 설 비음 혹은 세장(歲粧)이라고도 하는데, 설을 맞이하여 옷이나 모자 혹은 신발 따위를 곱게 차려 입음.
② 설날을 맞이하여 상대방에게 앞으로 잘 되기를 기원해서 하는 말. 즉, 생자(生子)·득관(得官)·치부(致富) 등 그 사람에게 알맞은 말을 들려주는 것.
③ '도소'는 소(蘇)라는 악귀를 물리친다는 의미로, 도라지·산초·육계·진피 등의 약재를 이용해 빚은 술.

대보름

음력1월 15일은 대보름이라 해서 옛날에는 "상원(上元)·원석(元夕)·원소(元宵)" 등으로 불렀습니다. 이 "상원"은 7월 15일의 "중원"(中元), 10월 15일의 "하원"(下元)과 더불어 "삼원절"(三元節)이라 해서 도교(道教)의 중요한 명절로 손꼽히고 있습니다. 대보름에는 사람들의 건강을 기원해서 오곡밥을 먹습니다. 보통의 밥은 쌀로만 짓거나 혹은 한 가지의 잡곡을 넣어서 짓는 것이 보통이지만, 오곡밥은 보리나 콩 혹은 조 등 다섯 가지 이상의 곡물을 섞어서 짓습니다.

이 날에는 귀밝이술도 마십니다. 이것은 귀가 맑아져서 즐거운 소식을 많이 접할 수 있다는 믿음에 의한 것입니다.

대보름날 농가에서는 논둑이나 제방 등에 불을 붙여 풀을 태우는데, 이것을 "들불놀이"라 했습니다. 이것은 잡귀를 내쫓고 아울러 농작물에 해를 끼치는 해충과 그 알을 모두 불태움으로써 새해의 풍년을 기대한다는 의미가 깃들여져 있는 것입니다. 그리고 밤이 되면 "부럼 깬다"하여 부럼깨물기를 했는데, 이는 밤, 호두, 땅콩 등을 깨물며 1년동안 무사태평하고 종기나 부스럼이 나지 말라는 의미를 가지고 있습니다.

그러나 1월 15일의 주된 행사는 뭐니 뭐니 해도 달맞이입니다. 어두운 밤 둥근 보름달이 떠오르면 사람들은 앞을 다투어 마을 뒷산에 오릅니다. 사람들은 그 보름달을 바라보면서 각자의 소원을 두 손을 모아 기원합니다. 이 외에도 일 년 동안의 건강과 무사태평을 기원하면서 설날과 같은 여러 가지 민속 행사가 펼쳐집니다.

单词

단풍 枫叶	김장 越冬泡菜
내장산 内藏山	동지 冬至
지리산 智异山	설날 春节
설악산 雪岳山	세배 拜年
금강산 金刚山	윷놀이 尤茨游戏
추석 秋夕	대보름 正月十五
중추절 仲秋节	귀밝이술 耳明酒
가배일 嘉俳日	들불놀이 放鼠火
송편 松糕	달맞이 赏月
계절풍 季风	

　사람이 이 세상에 태어난다고 하는 것은 커다란 축복입니다. 출생에서 사망에 이르기까지 여러 가지 통과 의례가 있기 마련인데 그 가운데에서도 출생과 결혼 그리고 장례는 가장 중요한 항목입니다. 이러한 통과 의례는 시대의 변천에 따라 많이 달라졌습니다. 예를 들면 환갑은 과거에는 큰 행사였지만 오늘날에는 거의 하지 않습니다.

第三课

思考题

- 一、"禁线"是什么？有什么意义？
- 二、周岁宴上不可或缺的活动是什么？
- 三、结婚仪式分为几个步骤？
- 四、花甲指的是什么？
- 五、韩国的葬礼有什么特点？

1 出生
출생

사람의 일생은 출생으로부터 시작됩니다. 그렇기 때문에 옛날부터 이와 관련된 여러 가지 의례가 있어 왔습니다. 임신하기 전에는 삼짇날·초팔일·단오·칠석·중구(重九)일①에 명산고찰을 찾아다니며 자녀를 갖게 해달라고 정성들여 기도를 하고, 임신 중에는 삼신②상을 차려놓고 순산을 빌기도 했습니다. 출산 후에는 외부 사람들의 출입에 의해 부정타는 것을 방지하기 위해 대문 기둥 윗부분에 금줄을 쳤습니다. 금줄은 원래 신성한 곳임을 표시하고 부정한 사람의 접근을 막기 위해 치는 새끼줄로, 아이를 낳았을 때는 생솔가지, 숯 그리고 아이의 성별에 따라 아들은 고추를, 딸은 숯을 끼워 보통 삼칠일③이라 하여 21일 동안 쳐두었습니다.

그런데 이 금줄은 원래는 아이를 낳았을 때만 치는 것이었습니다. 그러나 그 후 새로이 간장이나 된장 항아리와 그것을 두는 장독대에도 치며, 또는 삼신당이나 성황당 등에서 제사를 올리는 전후에 치기도 합니다. 그리고 이 금줄은 새 짚으로 왼쪽으

---

① 음력 9월 9일을 말하며, 9월의 유일한 속절(俗節-제삿날 이외에 철이 바뀔 때마다 사당이나 조상의 묘에 차례를 지내던 날)이다.
② 점지(點指-자식이 생기게 해 주는 일)와 산모(産母) 그리고 생아(生兒)를 맡아보고 수호해 주는 세 신령.
③ 아기가 출생한 지 7일이 되면 초이레, 14일이 되면 두이레, 21일 이되면 세이레라 하여 행사하는 습속.

로 꼬아서 사용하는 것이 통례입니다.

그러나 요즘은 대부분 병원에서 분만하기 때문에 금줄을 치는 일은 거의 없어졌습니다. 다만 산후에 미역국을 끓여먹고 찬바람을 쐬지 않는 등의 산후조리에 특히 신경을 쓰는 풍습은 아직도 남아 있습니다.

그런데 요즘 출산과 관련해서 몇 가지 사회적 문제가 일어나고 있습니다. 그것은 출산률이 해마다 줄어들고 있고 특히 중절하는 경우가 많다는 것입니다. 문제는 중절의 이유가 여자 아이이기 때문이라는 것입니다. 뿐만 아니라 "범띠"와 "말띠"여자 아이는 특히 더 기피하는 경향이 있습니다. 이러한 미신은 하루빨리 없어져야 할 것입니다.

서울 인왕산 서쪽 기슭에 있는 기자(祈子)바위, 이 바위에 기도를 하면 아이를 낳을 수 있다고 믿어졌다.

2 周岁宴
돌잔치

아이의 출생만큼 중요한 행사로 여겨졌던 것이 백일잔치와 돌잔치였습니다. 생후 일 년 동안이 병에 대한 저항력이 가장 약한 시기인 만큼, 아이가 태어나 무사히 백일을 지내고, 일 년이 되는 돌을 맞이하는 것이 가족들에게는 커다란 축복이자 기쁨이었습니다. 그러므로 가족과 친지들, 주위 사람들과 기쁨을 나누고 앞으로 아이가 더욱 건강하게 잘 자라기를 바라는 마음으로 잔치를 벌이는 것입니다. 오늘날에는 의학도 발달하고, 영유아 사망률이 예전처럼 높지 않으므로, 백일잔치는 간단히 하고 돌잔치만 하는 경향이 많아졌습니다.

돌잔치 날에는 아이에게 새 옷을 만들어 입히고 각종 음식을 담아놓고, 책·종이·붓·먹·활(여자인 경우는 가위·자·바늘 따위) 등을 곁들여 놓은 돌상을 차려 주었습니다.

이 날 친척과 이웃이 모여 축하해주며 아이의 장래를 점치는 행사로 아이에게 상위의 물건을 잡게 합니다. 이때 아이가 돈이나 곡식을 잡으면 부자가 되고, 책이나 먹·붓 따위를 잡으면 문인이 되며, 국수나 실을 잡으면 장수하고, 활이나 화살을 잡으면 장군이 된다고 믿었습니다. "사·농·공·상"이라는 신분세도가 뚜렷했던 시대에는 관리나 학자를 선호하였지만 "부"(富)가 만능시되고 있는 현대에 있어서는 다르다고 할 수 있습니다.

이날 아이의 의복으로는 머리에 복건(幅巾)①을 씌우고 몸에는 쾌자(快子)②를 입히는 것이 상례였지만 근래에는 서양의 풍속이 많이 유입됨에 따라서 돌잔치도 서양식 파티로 하는 경우가 많아졌습니다. 그래서 돌상을 차리고, 돌잡이를 하면서 서양풍속을 따라 촛불을 켜고 케이크를 자르는 등의 전통 방식과 현대 방식의 절충된 돌잔치를 하는 가정이 많이 늘어나고 있습니다.

돌잔치 때의 돌상.

3 结婚
결혼

옛날에는 신분이 높은 사람들 중에 일부는 일부다처제를 취했지만 시대의 변천에 따라 서구 문화가 들어오면서 서구식 혼인 형태가 일반화되었습니다. 그에 따라 전통의례에 구애받지 않고 결혼식을 약식으로 하는 경우도 많고 혼례의 절차도 많이 간소화되었습니다. 하지만 아직까지 중요한 격식은 그대로 남아 있으며 이것은 연애나 맞선인 경우에도 구체적인 혼인단계에 들어서게 되면 일단 이러한 형식을 밟게 됩니다.

결혼의 절차로서 첫째 "의혼"(議婚)이 있습니다. 이것은 가문이나 학식 혹은 인품 따위를 조사하고 궁합③을 본 다음에 허혼여부를 결정하는 의례입니다. 대개 신랑 집에서 먼저 보내 온 청혼편지에 대해 신부 집이 허혼 편지를 보냄으로써 의혼이 이루어집니다. 이러한 절차 때문에 옛날에는 대체로 양가의 부모들이 가부를 결정하고 정작 당사자는 상대방 얼굴도 모른 채 결혼식을 맞이하는 경우가 많았습니다.

둘째 "납채"(納采)가 있습니다. 이것은 신부 집에서 허혼편지나 전갈이 오면 신랑 집에서는 사주④와 납채문을 써서 홍색 보자기에 싸서 신부집에 보냅니다. 신부 집에서는 사주를 받으면 신랑·신부의 운세를 보고 결혼 날짜를 정하여 통지하는데 이것을 연길(涓吉)이라 합니다.

---

① 양가의 도령들이 머리에 쓰는 모자와 같은 것. 검은 헝겊으로 만들며 위는 둥글고 뾰족하며 뒤로 넓은 자락이 길게 늘어져 있으며, 양옆에 끈이 있어서 뒤로 돌려 매게 되어 있음.
② 원래 옛날 전복(戰服)의 하나였음. 등 뒤를 길게 째고 소매없이 만든 것.
③ 혼인하기에 앞서 남녀의 생년월일과 시를 오행에 맞추어 부부로서의 길흉을 알아보는 일.
④ 사람이 출생한 해·월·일·시의 네 가지를 근거로 하여 사람의 길흉화복을 점치는 일.

셋째 "납폐(納幣)"입니다. 신랑 집에서는 보통 결혼식 전날 신부용 혼수와 혼서 및 품목을 넣은 함을 보냅니다. "혼수"라고 하는 것은 혼인에 드는 물품이나 비용을 말하는 것이며, "혼서"라고 하는 것은 신랑 집에서 예단에 붙여서 보내는 편지를 말합니다. 그러나 요즘은 수속이 간소화되어서 납채와 납폐를 동시에 해버리는 경우가 많아지고 있습니다.

납폐의 함을 짊어지고 가는 사람을 함잡이라 하는데 이것은 옛날에는 신분이 낮은 하인들이 하는 것이 보통이었습니다. 그러나 현대에는 신랑의 가까운 친구가 지고가는 경우가 일반화되고 있습니다. 함잡이 가운데는 신부집에 가서 곧바로 들어가지 않고 "함 사세요"라고 몇 번이나 소리를 지르면서 일부러 꾸물거리기도 합니다. 그러면 신부집 사람들이 나와서 봉투 안에 지폐를 넣어서 길에 깔면 그것을 밟고 집안에 들어갑니다. 이것은 축하의 분위기를 돋우기 위한 장난스러운 행사의 한토막입니다.

그리고 네 번째에 "결혼식"이 거행됩니다. 전통적 예식의 경우에는 전안례(기러기를 상 위에 놓고 절하는 예), 교배례(신랑과 신부가 서로 맞절을 하는 예), 합근례(신랑과 신부가 잔을 주고 받는 예) 등을 주례자가 홀기(笏記)①에 따라 진행합니다.

다섯번째 "친영(親迎)"입니다. 신랑이 신부 집에서 혼례를 치루고 신부를 맞아오는 의례입니다.

여섯번째 "폐백(幣帛)"입니다. 전통예식의 경우에는 거식 후 하루 내지는 3일이 경과하고 난 뒤에 신랑 집에 가서 친정에서 가지고 온 대추·밤 그 밖의 견과류를 차려서 신랑측 부모님과 가족들에게 인사를 올리는 것입니다.

이상 혼인의 절차에 대해서 간략하게 이야기 하였는데 오늘날의 결혼식은 서양식으로 치러지는 경우가 대부분입니다. 그래서 예식장에서 정해진 순서에 따라 주례자가 맡아서 식을 거행하며, 폐백도 예식이 끝난 후에 예식장에서 전문 업체에 맡겨 진행하고 있습니다.

예나 지금이나 결혼은 인륜도덕의 시원입니다. 그래서 오랫동안 고락을 함께 한 후 맞이하는 은혼식(25년째)과 금혼식(50년째)은 그만큼 가치 있는 것이라 말할 수 있습니다.

교배례를 하기 위해 신부가 절을 하는 모습.

합근례의 절차에 의해서 신부가 준 술을 신랑이 마시고 있다.

---

① 홀기(笏記)란, 혼례 때 의식의 순서를 적은 글을 말한다.

4 花甲 환갑

다른 말로 회갑(回甲)·화갑(花甲, 華甲) 혹은 주갑(周甲)이라고도 하며 본인이 태어난 간지(干支)가 60년 만에 다시 돌아온 해를 말하는 것입니다. 환갑연을 치르는데, 경제적으로 여유 있는 집안에서는 산해진미를 갖추어 각종 과일과 함께 상위에 올립니다. 본인의 부모가 살아계시면 본인이 환갑상 앞에서 먼저 부모에게 잔을 올리는데, 이것을 "헌수(獻壽)"라고 합니다. 이때에 색동옷을 입고 춤을 추면서 부모님의 마음을 기쁘게 해드리기도 합니다.

이것이 끝난 뒤에 자녀들의 헌수를 받는데, 형제들도 같이 당사자의 옆에 앉아서 함께 받습니다. 헌수는 맨 처음에 맏아들이 합니다. 그 다음에 둘째 아들·맏딸·둘째 딸 순으로 부부가 나란히 서서 잔을 올리고, 남자는 2번 절하고, 여자는 4번 절을 합니다. 지금은 다 같이 재배하거나 한 번 정도로 끝내기도 합니다. 그 다음에는 손자·손녀·조카 등이 차례로 잔을 올립니다. 이 경우 비록 어머니 환갑이라 하더라도 아버지 앞에 놓인 잔에 먼저 술을 따릅니다. 만약 한쪽 부모만 계신다면 술잔은 하나만 놓습니다.

과거에는 악공(樂工)과 기생을 불러 풍악을 울리고 기생은 권주가(勸酒歌)를 부르며 헌수를 성대하게 장식했습니다. 또 환갑잔치를 수연(壽宴)이라고도 했는데, 환갑을 축하하는 행사로 수연시(壽宴詩)[1]의 운자(韻字)[2]를 내어서 주변 사람들에게 시를 짓게 한 후, 잔칫날 이를 발표하기도 하고, 이 시를 모아 수연시첩(壽宴詩帖)을 만들어 자손 대대로 전하기도 했습니다. 그러나 지금은 환갑기념으로 이른바 효도여행을 떠나거나 여러 가지 행사를 하는 경우가 많아졌습니다.

옛날에는 "일흔 살 사는 이 예로부터 드물다(人生七十古來稀)"라는 시처럼 일흔 살 노인을 보기가 드물어서 환갑만 살아도 큰 기쁨으로 여겼습니다. 평균수명이 높아진 오늘날에는 환갑이 점차 그 의의를 상실하고 칠순 혹은 팔순을 축하하는 경우가 많아졌습니다.

5 葬礼 장례

장례의 절차는 그 사람의 종교에 따라서 각각 달라집니다. 예를 들어서 카톨릭이

---

[1] 장수를 축하하는 시.
[2] 한시(漢詩)의 운각(韻脚)에 쓰는 글자.

나 개신교의 경우는 대부분 교회의식에 의해 집행되기 때문입니다.

　한국에 유교가 들어오기 전에는 불교가 지배적이었기 때문에 장례의식도 화장이 일반적이었습니다. 그러나 유교적 문화를 수용하면서 "신체발부수지부모(身體髮膚受之父母)"[1]라 하여, 부모에게 받은 신체를 중요시하다보니 매장문화가 일반화되었습니다. 한국에서 가장 보편적이었던 유교적 장례절차는 매우 복잡합니다. 보통 상례를 초종례(초상 때의 제례)로부터 소상(1주기)·대상(2주기)을 거쳐 담제(禫祭)[2]에 이르기까지 모두 19절차로 되어 있으나, 이러한 상례는 오랜 세월이 흐르는 사이 조금씩 변하기도 하고 지방마다 풍습을 달리하게 되었습니다. 현대에는 각 종교에 따른 의식이 들어오고 매사에 간략화를 추구하는 현대풍조로 인하여 상례도 많이 변모하게 되었습니다.

　요즘 장례 기간은 3일장 혹은 5일장이 보통이고, 상기(喪期)는 원래 3년이지만 지금은 많이 단축되어 대부분 49제[3]로 탈상을 하는 경우가 많습니다. 이 기간 동안 상주는 상장[4]을 달아서 상중(喪中)에 있음을 나타냅니다.

　장례 절차가 간소해짐에 따라 장례가 치러지는 곳도 집이 아닌 병원의 장례식장인 경우가 많아졌습니다. 그 이유는 병원에서 임종을 맞이하는 경우가 많아졌기 때문이기도 하고, 병원의 장례식장을 이용하는 것이 편리하기 때문입니다. 그러나 사람의 병을 고치는 병원에서 장례식을 한다고 하는 것은 좀 이상하다는 생각이 들기도 합니다. 그것도 그 병원에서 죽은 사람이 아닌 경우도 많기 때문입니다.

상여는 한 줄에 6명 씩 모두 4줄로 24명이 메게 되어있다. 화려한 장식으로 감싸므로 '꽃가마' 라 부르기도 한다.

---

[1] 신체와 머리 그리고 피부 등은 모두 부모님으로부터 얻은 것이니 손상시키는 것은 큰 불효가 된다는 말.
[2] 초상으로부터 27개월이 되는 달의 정일(丁日)이나 해일(亥日)에 지내는 제사.
[3] 원래 불교용어로서 죽은지 49일만에 망자의 안락을 위해서 독경하고 공양함으로써 명복을 비는 제사.
[4] 상중에 있다는 것을 나타내기 위해서 하는 표시로서, 검은 헝겊이나 삼베 쪽지를 옷깃이나 소매 혹은 모자 등에 붙이고 다님.

그리고 한국에 있어서는 묘제도 매우 심각합니다. 좁은 국토에서 살고 있는 사람의 거주공간이 평균 4.3평인데 비해서 죽은 사람의 분묘는 평균 15평이나 되기 때문입니다. 그래서 최근에는 화장의 보급과 더불어 공원 묘지 등도 많아지고 있으며 또 가족묘지를 만들어서 합장하는 경우도 나타나고 있습니다. 그리고 오늘날 장례식의 절차는 대부분 장의사에게 맡기는 경우가 많습니다.

单词

삼짇날 三月初三	교배례 交拜礼
명산고찰 名山古刹	합근례 合卺礼
금줄 禁线	은혼식 银婚仪式
성황당 城隍庙	금혼식 金婚仪式
산후조리 产后调理	환갑 还甲, 花甲
백일잔치 百日宴	장례 葬礼
돌잡이 抓周	초종례 初终礼
일부다처제 一夫多妻制	소상 小祥
전통의례 传统仪式	대상 大祥
혼수 婚需	담제 禫祭
혼서 婚书	상장 丧章
결혼식 结婚典礼	분묘 坟墓
전안례 奠雁礼	

第三章　韩国传统艺能

　　한국의 전통예능 가운데는 북방적 요소와 남방적 요소가 섞여 있다고 말하고 있습니다. 그리고 한국은 2천년 이상 농경 생활을 영위해 왔기 때문에 농경 문화가 주종을 이루고 있다고 말할 수 있을 것입니다. 그리고 그 내용을 보면 노래와 춤 그리고 마당놀이가 주될 것이지만 거기에는 한국적 풍토 속에서 자라난 독창적인 것이 많습니다.

민속이나 예능은 그 민족이 살고 있는 풍토와 역사 그리고 사회생활 속에 형성되는 것입니다. 한반도는 남북으로 길게 뻗어 있는 지형적 특성으로 인해 북으로부터는 대륙문화를 받아들이고, 남으로부터는 해양문화를 수용했습니다.

특히 한국의 민속은 중국의 동북부 지방이나 몽골지방과 비슷한 형태를 띠는 것이 많은데, 이는 북방문화와의 활발한 교류가 있었기 때문으로 보입니다. 이러한 북방문화의 영향 외에도 한국은 2천년 이상 농경생활을 주로 해 왔으므로, 농경생활을 바탕으로 한 생활양식과 의식이 강하게 자리 잡았으며, 민속이나 예능, 사회관습 역시 이를 토대로 형성되었습니다.

이러한 배경아래 한국의 전통예능은 주로 대륙으로부터 전해진 문화들이 토착화하는 과정에서 형성된 것으로 그 내용은 매우 다채롭습니다. 3장에서는 한국의 주요한 전통예능에 대해서 간략하게 소개하기로 하겠습니다.

第四课

思考题

- 一、盘索里有什么特点?
- 二、盘索里的代表曲目有哪些?
- 三、盘索里的节拍有哪几种?

1 唱剧(盘索里)
창극 (판소리)

판소리는 "판"과 "소리"가 결합된 것이라고 합니다. 여기에서 "판"이라 하는 것은

第三章　韩国传统艺能

넓은 의미의 "생활의 자리"라는 의미이며, "소리"는 즉 노래입니다. 따라서 판소리가 노래하는 내용은 일반 서민으로부터 양반에 이르는 광범한 생활의 애환을 담고 있습니다.

　판소리는 한 사람의 소리꾼이 고수의 북 반주에 맞추어서 극적으로 구성된 긴 이야기를 "소리(노래)"와 "아니리(말)", "몸짓(발림)"을 통해 전달하는 한국 고유의 전통공연예술입니다. 즉 그 내용의 흐름에 따라 자문자답하기도 하고 자화자찬도 하면서 가사 가운데의 등장인물의 장면을 소리와 몸짓으로 나타냅니다. 거기에는 손에 땀을 쥐게 하는 긴장감이 있으며 가슴이 후련해지는 해학이 있으며, 웃음이 있고 눈물이 있습니다. 이러한 "희노애락(喜怒哀樂)"의 감정을 관중이나 청중에게 호소하면서 진행됩니다. 이와 같이 판소리는 음악·문학·연극 등의 여러 가지 특징이 섞인 종합예술입니다.

　소리꾼이 여러 가지 이야기를 판소리로 노래하는 가운데서 12가지의 레퍼토리를 고른것을 "판소리 12마당"이라고 합니다. 그러나 조선 왕조 후기에 하나씩 없어지고 현재는 "춘향가[1]·심청가[2]·흥부가[3]·적벽가[4]·수궁가[5]" 등 다섯 마당만이 남아 있습니다. 여기에서 "마당"이라는 것은 놀이나 연극이 "광장"에서 이루어지던 데서 유래한 것으로, 놀이나 연극 등의 단위를 나타냅니다.

　그리고 판소리에는 그 사설을 엮어 나가는데 특이한 용어를 사용하지만 거기에는

---

[1] 조선시대의 소설 춘향전(작가·연대 미상)을 조선조 말기의 명창 신재효(1812-1884)가 창극화한 것으로 판소리 가운데 가장 유명한 레퍼토리이다. 전라남도 남원부사의 아들 이몽룡과 기생 월매의 딸 춘향이 깊이 사랑하게 되지만 부사가 서울로 전근하게 되어 두 사람은 잠시 이별의 슬픔을 맛보게 된다. 그 사이 새로 부임해온 부사 변학도가 춘향에게 야심을 갖게 되고 춘향은 목숨을 걸고 이를 거절한다. 결국 이몽룡이 암행어사가 되어 재등장하게 되고 두 사람의 사랑 이야기는 행복한 결말을 맞이한다.

[2] 조선시대의 소설 심청전(작가·연대 미상)을 춘향전과 마찬가지로 신재효가 창극화한 것이다. 효녀 심청은 눈이 보이지 않는 아버지의 눈을 뜨게 하기 위해 공양미 3백석에 몸을 팔아 바다에 몸을 던지지만, 다행스럽게도 그 효심에 감탄한 신의 도움으로 심청은 다시 살아나서 황후가 되고 아버지도 눈을 뜨게 되어 함께 영화를 누리게 된다는 내용이다.

[3] 조선시대의 소설 흥부전(작가·연대 미상)을 역시 신재효가 창극화한 것이다. 어느 산골에 욕심이 많고 성품이 좋지 않은 형 놀부와 정직하고 마음씨 고운 동생 흥부가 살고 있었다. 흥부는 우연히 다리를 다친 제비를 치료해 주고 박씨를 받게 된다. 박씨가 자란 후에 쪼개어 보니 안에 금은보화가 가득 들어있었다. 큰 부자가 된 흥부를 시기한 놀부는 멀쩡한 제비의 다리를 부러뜨린다. 하지만 놀부가 쪼갠 박에서는 더러운 똥과 도깨비가 나와 놀부는 벌을 받게 된다.

[4] 나관중이 저술한 중국소설 삼국지연의 가운데서 적벽대전을 중심으로 역시 신재효에 의해서 창극화된 것이다. 관우가 화용도에서 조조를 잡지 않고 일부러 놓아준 대목에서 취재한 것으로, 여기서 조조는 원작과는 달리 키가 작은 범인으로 다소 희극화되고 있으며 전투에 지친 서민들의 시대에 대한 비판적인 분위기를 엿볼 수 있다.

[5] 조선시대의 소설 별주부전(작가·연대 미상)을 역시 신재효가 창극화한 것이다. 이 소설은 쫠토끼전쫡 혹은 쫠토별산수록쫡이라고도 부른다. 내용은 신라시대부터 전해진 거북과 토끼의 이야기를 코믹하게 희화화한 것이다. 용왕의 심부름꾼인 거북이는 토끼를 속여서 용궁으로 데려가지만, 속은 것을 알아차린 토끼는 온갖 고생을 겪지만 결국 용궁으로부터 도망치는데 성공한다는 내용이다.

위에서 말한 [아니리]를 비롯해서 여러 가지 장단과 발설의 틀이 있습니다. 현재 사용하고 있는 판소리 장단은 진양·중모리·중중모리·자진모리·휘모리·엇모리·엇중모리가 있지만 이 가운데서 중모리·중중모리·자진모리가 기본이 되고 있습니다. 이들에 대한 자세한 전문적 설명은 부득이 생략할 수 밖에 없지만 대체적으로《[진양]은 서정적이며 애련조이고,[중모리]는 태연한 맛과 안정감이 있고,[중중모리]는 흥취를 돋우는 것》으로 풀이 할 수 있습니다. 요컨대《진양 → 중모리 → 중중모리 → 자진모리 → 휘모리》순으로 점점 빠르게 되고 있으며 사설 가운데의 상황과 인물의 감정에 따라 적절히 골라서 대응해 나간다는데 묘미가 있는 것입니다.

그러면 다음에 김소희①의 춘향가 사설의 일부를 인용해 보겠습니다. ⑴은 춘향이 그네 뛰는 모습을 보고 이도령이 첫눈에 반하는 장면이고, ⑵는 이도령과 춘향이 백년언약을 하고 사랑을 맺는 장면입니다.

⑴
[중중모리]
　도련님이 보니 희고 붉은 꽃들이 흐드러지게 피었는데, 그 속에서 어떤 미인이 나왔다. 해처럼 환하고 달처럼 어여쁜 그 미인은 제 또래의 계집아이를 앞세우고 나왔다.
　그녀는 여러 가지 고운 빛깔의 끈으로 만든 긴 그네줄를 휘늘어진 벽도(碧桃)나무가지에 휘휘칭칭 감아 매더니 가냘프고 아름다운 손을 번듯 들어 양 그네줄을 갈라 잡고 선뜻 그네에 올랐다. 그녀가 발을 한 번 툭 구르니 앞으로 번듯 높이 솟아오르고, 두 번을 구르니 뒤가 점점 멀어졌다. 그녀가 그네를 탈 때마다 머리 위의 푸른 버들은 가지가지 따라 흔들거리고, 발 밑에서는 바람이 일어 먼지가 그 바람을 좇아 티끌처럼 흩날렸다.
　도련님이 보니 그네를 타는 모습이 해당화 그늘 속으로 이리 들어갔다 저리 나왔다 하였다. 그 모습을 살펴보고 있자니 도련님 마음이 으쓱, 머리끝이 쭈뼛, 어안이 벙벙, 가슴속이 답답하였다. 도련님은 들숨 날숨 숨만 쉬고 꼼짝달싹을 못하고 눈을 번히 뜨고 방자를 불렀다.
　(이도령이 춘향을 불러 올것을 명하자 방자가 불러오지 못하는 이유를 말한다)

[아니리]
　도련님 혼은 벌써 춘향에게 가 있고 빈 껍데기만 서서 정신없이 방자를 불렀다.
　"이 애 방자야, 방자야"
　"예이"
　"저기 저 건너 우거진 숲속에 울긋불긋 오락가락 하는 저것이 무엇이냐?" 눈치 빠른 방자가 도련님이 춘향을 보고 넋 나간 줄 벌써 알았지만 시치미를 떼고 말하였다.
　"아, 뭘 보고 그러십니까? 소인놈 눈엔 아무것도 안 보입니다."
　"이만치 와서 내 부채발로 죽 따라가 보아라."
　"부채발이 아니라 미륵님발로 봐도 안 보입니다요."
　"너 건너가서 좀 보고 오느라. 답답하구나."

---

① 김소희(金素姬, 1917—1995) 13세때 남원명창대회에서 1등을 했으며 판소리에 평생을 바쳤다. 특히 1960년대 이후에는 유럽을 순방하면서 민속예술을 세계에 널리 알리는데 노력했다. 중요무형문화재 제 5호.

방자가 충충 다녀오더니 말했다.
"소인 다녀왔습니다."
"거 무엇이더냐?" "다른 무엇 아니라, 이 고을 퇴기 월매의 딸 춘향입니다. 춘향의 마음이 본래 도도하고 고상하여 기생 구실을 마다하고 여자 하인을 대신 넣고 기생에서 물러났습니다. 그 뒤로는 온갖 꽃이 피어나고 새싹이 돋는 봄철에도 글귀나 생각하며 지낸다 하옵니다. 오늘이 마침 오월 단오절이라 몸종 향단이를 데리고 그네 타러 나온 줄로 아뢰오." "그게 기생의 자식이란 말이냐? 그거 잘 되었구나. 이애 방자야, 너 건너 가서 내 말 전하고 불러오너라."
"도련님, 그건 안 됩니다."
"어째서 안 된단 말이냐?"
"안 될 이유를 소인이 여쭙지요."

[자진모리]
"춘향의 눈처럼 하얀 피부, 꽃처럼 아름다운 자태가 삼남지방에 유명하여 감사(監司)·병사(兵使)·목부사(牧府使)·군수(郡守)·현감(縣監) 등 고을 원님들이 수없이 춘향을 보려고 하였지만 보지 못했습니다. 춘향은 장강(莊姜)①의 아름다움과 이태백과 두보의 문장을 갖추었으며, 훌륭하신 무왕의 어머니이자 문왕의 왕비였던 태사②의 온화하고 순종하는 마음과 순 임금의 왕비였던 아황과 여영③의 정절을 가슴속에 품었다 합니다. 지금 춘향은 천하에 둘도 없는 미인이요, 만고의 여자들 중 으뜸이니, 황송한 말씀이지만 오라고 부르기 어렵나이다."

(2)
(이도령이 춘향과 백년언약하자고 하니 춘향모가 춘향의 내력을 이르며 완곡하게 거절한다)

[아니리]
알심있는 춘향의 모친이 도련님에게 말문을 열었다.
"귀중하신 도련님이 누추한 곳에 오셨는데 무엇을 대접하오리까?" 그제야 도련님이 말문을 열었다.
"오늘 내가 이곳에 찾아온 이유는 며칠 전 구경하러 광한루에 갔다가 늙은이의 딸 춘향이가 그네 뛰는 모습을 보고 내 마음이 산란하여, 늙은이와 그것에 대하여 의논하러 왔는데 그대의 뜻은 어떤지?" 춘향 모친이 이 말을 듣고 도련님께 여쭈었다.
"도련님 말씀은 황공하고 감격하오나."

[엇중모리]
"나의 말을 들어 주십시오. 내 나이 젊었을 때, 회동(會洞) 성참판 영감께서 남원부사로 오셨습니다. 그 분은 아주 여여쁜 다른 기생들을 다 버리고 소리개를 매로 보았던지 나에게 수청을 들게 하셨

---

① 중국 춘추시대의 위(魏)의 장공(莊公)의 아내로 얼굴이 매우 예뻤다고 한다.
② 중국 역사상 가장 이상적인 국가로 간주되고 있는 주(周, B.C.1100—A.D.256)나라를 세운 문왕의 비(妃)로서 정숙하고 현명한 부덕(婦德)을 갖춘 사람으로 알려지고 있다.
③ 중국 고대의 성왕으로 평가되고 있는 요(堯) 임금은 성실하고 비범한 능력을 가지고 있는 순(舜)에게 두 딸 아황(娥皇)과 여영(女英)을 시집보내고 왕위까지 물려 주었다. 그래서 순임금은 덕치로써 넉넉하고 평화스러운 요순시대를 열었다.

습니다. 영감을 모신 지 몇 달만에 천만 뜻밖에 아이를 갖게 되었습니다. 열 달이 다 지나기도 전에 영감이 이조참판으로 승차하시어 한양으로 올라가시게 되었습니다. 내가 춘향을 낳고 그 사정을 영감에게 고백하였더니 영감이 젖을 뗄 만하면 춘향을 데려가겠다 하셨습니다. 그러나 그 댁 운수가 불길하여 영감께서 별세하시니 춘향을 못보내고 나 혼자 길렀습니다. 춘향의 근본이 양반인고로 모든 일에 달통하니 누가 내 딸이라 하겠습니까? 저와 같은 배필을 얻고자 하여도 모두 춘향보다 지위가 높거나 낮아서 얻지 못하고 밤낮으로 걱정하며 지내고 있습니다. 도련님은 사대부라서 꽃을 찾는 벌과 나비처럼 춘향을 잠깐 보고 버리신다면 청춘 백발 두 목숨이 살고 죽는 것이 가련하니 그런 말씀일랑 하지 마시고 잠깐 노시다 가십시오."

(이도령이 백년해로의 약속으로 불망기를 써 주어 허락을 받은 후 춘향이와 사랑가를 부르며 논다)

[아니리]
"늙은이 말은 그럴 듯하나 장부가 한 입으로 두 말 할 리 있나? 나라에 불충하고 부모에게 불효하지 않는다면 저버리지 않을 것이니 어서 승낙해 주게"
춘향모친이 지난 밤에 꿈을 하나 꾸었는데 용꿈을 꾸었기 때문에, 도련님을 하늘이 내리신 춘향의 인연으로 생각하고 마음속으로는 이미 허락하고 있었다.
"도련님, 정식 혼례는 올리지 못하더라도 정식 혼례를 올릴 때 신랑집에서 신부집에 보내는 혼서예장①과 사주단자②를 대신해서 증서나 한 장 써 주시오."
"그것일랑 그렇게 하게"
춘향의 모친이 붓과 벼루를 내어 놓으니 도련님이 붓을 들고 담숨에 힘차게 글을 썼다.
<하늘과 땅이 영원히 계속되고 바다가 마르고 돌이 썩는다 해도 하늘과 땅의 모든 신들이 이 맹세를 증명하여 줄것이다. 이몽용 씀>
"자 이만하면 되었지?"
춘향 모친이 그 증서를 간직하고 도련님과 술 한 잔씩 나눈 후에, 술 한 잔으로 도련님과 춘향이 반으로 나누어 마셨다. 알심있는 춘향모친 그 자리에 오래 있을 리 있겠느냐? 향단이에게 잠자리를 준비시킨 후에 건너방으로 건너갔다.

춘향과 도련님 단 둘이 남아 앉아 있었으니 그 후의 일이 어찌 되었겠는가? 그 날 밤 둘이서 나눈 정은 글로 다 쓸 수 없고, 말로 다 할 수 없었다. 이렇게 서로 정을 나누고 하루가 지나고 이틀이 지나고 오륙일이 넘어가니 나이 어린 사람들이 부끄러움은 훨씬 멀리 가고 정만 듬뿍 들어서 사랑가를 부르며 놀게 되었다.③ (이하 생략)

판소리는 소리꾼과 고수가 한 쌍이 된다.

---

① 혼서(婚書)와 예장(禮狀)은 같은 말이다. 즉 신랑집에서 예단을 붙여 신부집으로 보내는 편지로써 보통 두꺼운 종이를 말아서 사용한다.
② 사주단자(四柱單子)는 혼인이 정해지면 신랑집에서 신랑의 생년월일을 적어서 신부집에 보낸다.
③ 윤영옥 외,『현대어 역본 춘향가』민속원, 2005

이와 같이 판소리는 한국의 정서를 대표적으로 나타내고 있는 전통예술이자, 일상생활의 모습을 음악과 더불어 해학적으로 표현하고 있는 예술입니다. 그리고 청중도 직접 참여해 함께 즐김으로써 그 가치가 높이 평가되어, 2003년 11월 7일에는 유네스코 세계무형유산으로 선정되었습니다.

单词

예능 艺能
대륙문화 大陆文化
해양문화 海洋文化
농경생활 农耕生活
소리꾼 唱者
아니리 辞说
전통공연예술 传统表演艺术
레퍼토리 代表曲目

마당 场
춘향가 春香歌
심청가 沈清歌
흥부가 兴夫歌
적벽가 赤壁歌
수궁가 水宫歌
광장 广场
유네스코 联合国教科文组织

第五课

> **思考题**
> 一、韩国的传统舞蹈有哪些?
> 二、韩国的传统舞蹈分别有什么样的特点?
> 三、假面舞有着怎样的传说?
> 四、从韩国的传统舞蹈中体会到的韩国传统文化特点是?

2 传统舞蹈
전통무용

화관무

곱게 단장한 무용수들이 궁중무 복식에 5색구슬로 화려하게 장식한 화관을 쓰고 긴 색한삼(色汗衫)을 공중에 뿌리면서 추는 춤으로 화려하고 고운 느낌을 줍니다. 궁중에서 잔치 때 하던 춤과 노래를 정재(呈才)라고 하는데 이것을 바탕으로 구성되어 1954년에 새로운 창작무용으로서 발표되었으며, 1957년에 와서 "화관무"라는 이름이 붙여졌습니다.

조선시대의 무의(舞衣)인 "몽두리"를 현대감각에 맞추어 고쳐 만든 "광수포"에 가슴띠와 통치마를 걸치고, 궁중정재에서 사용되는 것보다 길게 만들어 한삼 안에 막대기를 넣어 양손에 잡고 한삼을 뿌리며 춤을 춥니다.

이때 공중에 날리는 한삼의 아름다운 선이 이 춤의 특징으로, 팔을 펴거나 굽혀서 오르내리게 하되 위로는 어깨선에서 수평

화려한 의상과 아름다운 선이 특징인 화관무.

第三章　韩国传统艺能

을 유지해야 하고 아래로는 다소곳이 앞으로 모아져야 합니다.

현재의 화관무는 옛날 궁중무용의 화려한 의상과 춤이 근대무용가들에 의해서 새로이 재창조된 것으로, 국가적인 행사, 외국 공연 등에서 주로 공연되고 있습니다.

부채춤

부채춤은 고유한 민속의식을 변형·발전시킨 것으로, 한국의 대표적인 민속 무용으로 대중에게 가장 인기가 있습니다. 부채를 펴거나 닫거나 부치거나 하는 기교가 안무의 중심을 이루고 있으며, 거기에 부채가 몸 전체의 동작을 유도하는 역할까지 하면서 한층 우아함을 돋보이게 해줍니다.

부채의 안무는 여러 명이 동시에 혹은 차례로 순서를 따라 할 때도 있으며, 대립적으로 혹은 교차적으로 개폐를 되풀이하면서 춤에 박자와 속도감이 더해져 멋진 장면을 연출하게 됩니다. 때로는 약동하듯이 힘차게, 때로는 명상하듯 조용히 움직이면서 이루어내는 절묘한 앙상블이 부채춤의 예술적 가치를 높이고 있는 것입니다.

부채춤은 한국의 대표적인 민속무용으로 가장 인기가 높다.

부채를 이용한 춤은 동북아시아의 다른 나라에서도 볼 수 있지만 부채를 이용해서 공간과 조형의 아름다움을 입체적으로 형상화한 부채춤은 가장 한국적인 멋을 잘 나타내고 있으며, 한국의 고전무용을 대표하는 것으로 평가되고 있습니다.

장고춤

이 춤은 현재의 전라도 지방의 농악놀이 가운데의 하나인 장고춤에서 시작되었으며 <장구춤>이라고도 합니다. 1930년대에 일본에서 현대무용을 배워서 귀국한 최승희[1]에 의해서 본격적인 무대예술로 다시 태어나 지금과 같은 새로운 형태의 독립된 장르로 정착하게 되었습니다.

장고춤의 처음부분은 대체로 태평가 등의 민요에 맞추어서 화려하게 춤을 추면서 시작합니다. 이윽고 민요가 끝나면 마침내 본격적인 장고춤이 시작되는데 빠른 리듬으로 무아의 경지에서 약동하면서 최고의 분위기가 북돋아납니다. 또한 아름다운 여인네들이 치맛자락을 허리에 휘감고 장고를 매고 흥겹게 춤추는 모습은 보는 이로 하

---

[1] 1911년 서울에서 태어났으며 서구식 현대적 기법의 춤을 창작한 최초의 인물로 8.15 해방 이전의 한국 무용계를 주도했다. 1947년 4월 월북하여 1979년 8월 8일에 사망했다.

여금 저절로 신명이 나서 어깨를 들썩이게 합니다.

장고춤은 현재 한국 국내는 물론이고 여러 국외에서도 널리 사랑받고 있으며 그 인기가 매우 높아지고 있습니다.

무당춤

빠른 리듬으로 경쾌하게 춤을 춘다.

무당춤은 샤먼에서 유래된 것으로, 강신무와 세습무, 두 가지로 크게 나눌 수 있습니다. 전자는 한강 북부지방에 널리 유포된 것으로, 동작이 활달하고 민첩하며 주술성이 강하게 나타납니다. 이에 반해 후자는 주로 한강 남부 지방에 널리 보급된 것으로, 동작은 부드러우며 매우 섬세한 느낌을 줍니다.

이들 무당춤은 일상적인 세속사회의 질서를 뛰어 넘는 것으로 거기에는 혼돈과 난무 속에 연희자의 절실한 원망(願望)이 담겨 있습니다. 그러므로 무당춤은 연희자가 춤에 열중해서 관중을 도취와 황홀 속에 몰입시키는 요소가 있어, 한없는 해방감을 느낄 수 있는가 하면 정신을 정화시키는 요소도 있다고 합니다. 현대에 와서는 무당춤의 주요한 기능이 근대무용가들에 의해서 재구성되고 있으며, 보다 근대화된 무대예술로서 국민들 사이에 인기를 모으고 있습니다.

승무

"승무"란 이름에서도 알 수 있듯이, "스님의 춤"입니다. 불교예술의 영향을 받은 것으로, 조선시대의 후기에 "교방무"①의 하나로 나타났으며, 현재는 한국 전통무용 가운데서 가장 아름다우며 고도의 예술성을 가진 것으로 평가되고 있습니다.

연희자들은 고깔모자를 쓰고 장삼②을 걸치며, 흰 버선을 신고 우아한 춤을 벌입니다. 승무는 "고요함(靜)" 가운데 "움직임(動)"이 있으며, 장삼의 움직임에 나타나는 곡선미가 관중들의 마음을 강하게 사로잡습니다.

또한 승무에서는 인간적인 한(恨)과 정이

장삼의 곡선미가 아름다운 승무.

---

① 교방은 고려·조선 시대 기녀(妓女)들을 중심으로 하여 가무(歌舞)를 관장하던 기관을 말하며, 교방무는 그곳에서 추던 춤을 말한다.
② 중들이 입는 웃옷. 검은 베로 길이가 길고 품과 소매를 넓게 만들었음.

담겨 있는 어두운 면과 무용의 아름다움과 북의 울림에서 환희를 불러일으키는 밝은 면을 느낄 수 있습니다.

오늘날 이 승무는 중요무형문화재로 지정되어 있으며, 해외에도 널리 소개되고 있습니다.

예로부터 한국인들은 한 해의 운이 나쁘면 귀신의 소행으로 여겨 이것을 풀어줘야 한다고 생각했습니다. 나쁜 기운을 풀기 위해 무당을 불러 춤을 추고 굿을 벌였는데 이를 살풀이라고 합니다.

살풀이는 무당을 매개로 죽은 사람의 혼백과 대화를 나누는 무속의식으로, 무당들은 수건(手巾)을 들고 춤을 추는 것이 일반적이었습니다. 이러한 형식의 춤은 한국을 비롯해 중국과 몽골에도 있다고 합니다.

예전에는 이러한 춤을 수건춤·즉흥춤 등으로 불렀으나, 1903년 한성준이라는 사람이 이 춤으로 공연을 하면서 "살풀이"라는 이름으로 불리게 되었습니다. 지금의 살풀이춤은 경기도와 호남지방에 널리 유포되었던 것으로, 해방 후 무당 가운데 일부가 집단을 만들어 춤을 다듬으면서 점차 예술적 형태를 갖추게 되었습니다. 이 살풀이춤은 즉흥적인 요소가 많으며 차분한 분위기 속에서 섬세함을 느낄 수 있고, 인간의 슬픔과 한을 환희로 승화시키는 매우 특이한 춤이라 할 수 있습니다.

이 살풀이는 오늘날 한국 전통 무용의 대표적인 춤이자 중요무형문화재로 지정되어 있습니다.

3 假面舞
가면무(탈춤)

"탈춤"은 "가면을 쓰고 추는 춤"으로, 봉산탈춤과 강령탈춤이 가장 많이 알려져 있습니다. 봉산탈춤은 조선 황해도 내륙 평야지대인 황주, 서흥, 봉산 등지를 대표하는 탈춤이고, 강령탈춤 역시 황해도의 해주, 옹진, 강령 등의 해안지대에서 추던 탈춤입니다. 이들 탈춤의 역사는 멀리 고려시대(918~1392)까지 거슬러 올라갈 수 있다고 하지만 이것이 널리 실시된 것은 약 200년 전 쯤이며 주로 단오(음력 5월 5일)와 하지 날 저녁에 실시되었다고 합니다. 특히 강령탈춤은 1939년 10월 서울 부민관①에서의 공연을 통해서 널리 알려졌습니다. 이 두 탈춤의 테마는 약간의 차이는 있지만,

---

① 경성부(京城府)가 1935년 지금의 서울시 중구 태평로 1가에 건립한 부립(府立) 극장.

상좌춤·묵승춤·사당춤·노승춤·사자춤·양반춤·영감춤·할미춤 등으로 그 기본적인 과장①의 구성은 비슷합니다.

탈춤은 놀기에 앞서 먼저 탈과 의상을 갖추고, 음악에 맞추어 공연 장소까지 행렬하는 길놀이와 제사를 실시합니다. 특히 봉산탈춤은 춤사위가 활발하며 경쾌하게 휘날리는 장삼과 한삼 소매의 움직임이 화려하게 펼쳐집니다.

탈춤의 내용은 서민들의 어려운 살림살이와 양반들에 대한 불만, 불교적 교리에 대한 풍자 등이 주요한 것으로 이것들은 연자가 주고 받는 대사 가운데 잘 나타나고 있습니다.

또한 일부다처제와 남편을 둘러싼 처첩 간의 갈등과 애정표현을 익살스럽게 표현하고 있습니다.

우리나라의 대표적인 여러 가지 탈

이들 가면극이 언제부터 어떤 과정을 거쳐 만들어졌느냐 하는 것은 분명치 않습니다. 그러나 봉산탈춤에 대해서는 다음과 같은 유래가 전해지고 있습니다. 즉 고려시대 말경 어느 사찰에 만석(萬石)이라는 노승이 있었습니다. 이 분은 모든 사람들이 "생불"(生佛)이라 부를 만큼 존경을 받고 있었습니다.

그런데 그의 친지 가운데 취발(醉發)이라는 방탕자가 있었는데 그는 어떻게 해서든 만석을 타락시키려고 여러 가지 방법을 사용했지만 만석은 움직이지 않았습니다. 그러자 취발은 마지막 방책으로서 괴물인 미녀를 보내서 만석을 유혹하게 했습니다. 마침내 만석은 이 괴물의 유혹을 물리치지 못해서 파계하게 됩니다. 이 이야기가 널리 퍼지자 당시의 파계승에 대한 세인들의 증오와 반감이 심해졌습니다. 그때 어떤 유지한 사람이 불교의 앞날을 우려하고 아울러 승려의 파계를 방지하기 위해 이 탈춤을 창안해 내었다는 것입니다.

따라서 이러한 내용을 가지고 있는 탈춤의 대사에는 일상생활에서는 금기(禁忌)되고 있는 말이 여과없이 사용되고 있습니다. 예를 들면 봉산탈춤의 과장에는 다음과 같은 대화가 등장합니다. (이해하기 어려운 사투리는 표준어로 고쳤습니다)

묵승⑵ : (반주의 음악에 맞추어서 장내를 한 바퀴 춤추며 돌다가 적당한 곳에 서서 좌우를 돌아다 보고) 쉬― 한양성중 좋단 말을 풍문에 넌지시 들었더니 상통은 붉으디디하고 코는 울룩줄룩 매미 잔등같고 입은 가르마 까치 같은 놈이 예쁜 아씨를 두셋씩 모아 놓고……(춤을 한참 더 계속해서 추다가 악공에게 쉬―하면서 손짓하며 반주를 그치게 한다) 하하, 이것 다 거짓부리다. (제2과장)

말뚝이 : (취발이의 엉덩이를 양반 코앞에 내밀게 하여) 그놈 잡아 드렸오.

생 원 : 아, 이놈 말뚝아, 이게 무슨 냄새냐?

---

① 판소리의 '마당'과 같은 개념으로, 연극으로 치면 '장'과 같습니다.

말뚝이 : 이놈이 피신을 하여 다니기 때문에 양치를 못하여서 그렇게 냄새가 나는 모양이외다.
생 원 : 그러면 그놈의 모가지를 뽑아서 밑구녕에다가 갖다 박아라.
말뚝이 : 이놈의 목쟁이를 뽑아서 밑구녕에다 곶는 수가 있다면 내×으로 샌님에 입술을 떼어 드리겠습니다.
생 원 : (노하여 큰 목소리로) 이놈 뭣이 어째?
말뚝이 : 샌님, 말씀 들으시오. 시대가 금전이면 그만인데 하필 이놈을 잡아다 죽이면 뭣하오. 돈이나 몇 백냥 내라고 하여 우리끼리 노나 쓰도록 합시다. 그러면 샌님도 좋고 나도 돈냥이나 벌어쓰지 않겠오. 그러니 샌님은 못 본 체하고 계시면 내가 다 잘 처리하고 갈 것이니 그리 알고 계시오. (음악에 맞추어 다같이 어우러져서 춤추다가 전원퇴장) (제6과장)

악공(1) : 그러면 영감 모색이나 한번 대보시오.
할 멈 : 우리 영감 모색은 마모색(馬毛色)일세.
악공(1) : 그러면 말새끼란 말이오?
할 멈 : 아니 소모색일세.
악공(1) : 그러면 소새끼란 말인가?
할 멈 : 아니 마모색도 아니고 소모색도 아니오. 우리 영감 모색을 알아서 무엇해. 영감 모색을 대기만 하면 어디서 생길까?
악공(1) : 모색을 자세히 대면 찾을 수 있지.
할 멈 : (노래조로)우리 영감 모색을 대. 우리 영감 모색을 대. 모색을 대면 좀 흉한데. 난간 이마에 주격턱, 우멍눈에 개발코, 상통은 갓 바른 과녁같고, 수염은 다 모지라진 귀얄같고, 상투는 다 갈아먹은 망좃같고 키는 석자세치되는 영감이오. (제7과장)[①]

봉산탈춤의 한 장면.

봉산탈춤은 모두 7과장으로 구성되고 있는 데 그 가운데서 일부만 골랐습니다. 요컨대 한국의 전통예술 가운데서도 봉산탈춤과 강령탈춤은 전통 예술 가운데서도 국민들의 관심이 높고 강습회 등에서도 널리 실시되고 있습니다.

이처럼 탈춤은 원래 세시풍속으로 이른바 전근대적 연희 형태로 발전해 왔으나, 오늘날 마당극, 마당굿, 민족극이란 여러 가지 말로 표현되고 있는 바와 같이 새로운 민속 놀이로서의 면모를 갖추어 가고 있습니다.

[①] 전경욱, 『한국가면극』 열화당, 1997

单词

색한삼 彩色汗衫
화관무 花冠舞
몽두리 蒙头里
광수포 广袖袍
부채춤 扇子舞
대립적 对立
교차적 交错
농악놀이 农乐游戏
장고춤 长鼓舞
태평가 太平歌
치맛자락 裙角
무당춤 巫堂舞
샤먼 萨满
강신무 降神舞
세습무 世袭舞
주술성 咒术性
세속사회 世俗社会
승무 僧舞
교방무 教坊舞
고깔모자 高角帽
장삼 长衫
중요무형문화재 重要非物质文化遗产
살풀이 驱煞舞
즉흥춤 即兴舞

가면 假面
탈춤 假面舞
봉산탈춤 凤山假面舞
강령탈춤 康翎假面舞
부민관 府民馆
상좌춤 上佐舞
묵승춤 墨僧舞
사당춤 社堂舞
노승춤 老僧舞
사자춤 狮子舞
양반춤 两班舞
영감춤 老头舞
할미춤 婆婆舞
과장 过场,场
길놀이 马路游戏
풍자 讽刺
처첩 妻妾
생불 活佛
방탕자 败家子
파계승 破戒僧
풍문 风闻
악공 乐工
강습회 讲习会

第三章 韩国传统艺能

第六课

> **思考题**
> - 一、男寺党戏被广泛关注得益于哪部电影?
> - 二、北青狮子戏的基本过程是?
> - 三、四物游戏有什么特点?

4　民俗游戏
마당놀이

남사당놀이

　　남사당놀이는 꼭두쇠(우두머리)를 비롯해, 최소 40명 정도의 남성으로 구성된 유랑 예능인들의 집단이었습니다. 이들 남사당패는 조선시대 후기부터 1920년대 쯤까지 농촌이나 어촌을 돌면서 여러가지 곡예를 해서 서민들에게 즐거움을 주는 존재였습니다.
　　남사당패의 구성은 대장격인 꼭두쇠와 그를 보좌하는 곰뱅이쇠가 있었으며 각 연희분야의 선임자인 뜬쇠, 수련생이자 연기자인 가열, 초입자인 삐리, 고문 역할을 하는 저승패와 잔심부름을 하는 등짐꾼으로 구성되었습니다. 남사당놀이의 종목은 풍물, 버나(접시돌리기), 살판(뜀틀), 어름(줄타기), 덧뵈기(탈춤), 덜미(인형극) 등으로 이루어졌고 저녁 9시부터 다음날 새벽 3~4시까지 연희되었다고 합니다. 이 가운데 특히 어름이 인기가 있었으며 영화 "왕의 남자"에도 이것이 채용되어 각광을 받기도 했습니다.
　　남사당패는 가난한 농가 출신, 또는 고아 등으로 이루어진 조직이었으나 서민을 위한 공연놀이를 통해서 민중의식을 일깨우는 역할을 하기도 하였습니다. 남사당놀이는 오늘날에도 민속예술의 근간이 되고 있으며 중요무형문화재로 지정되어 있습니다.

북청사자놀음

사자놀이는 현재의 조선지역에 널리 분포되고 있습니다. 즉, 함경남도에서는 북청·함주·정평·영흥·홍원 등 지역에서 그리고 함경북도에서는 경성·명천·무산·종성·경원 등의 각 지방에서 광범위하게 실시되고 있었습니다. 이 가운데서도 북청사자놀이가 가장 유명하고 함경남북도의 사자놀이를 대표하고 있다고 말할 수 있을 것입니다.

그런데 조선번도에는 옛날에는 사자가 없었을 터인데 어떻게 이것이 민간예능으로서 발달해 왔을까요?

물론 번도 에는 사자가 없었습니다. 그러나 사자놀이에 관한 기록은 《삼국사기》①가운데 최치원②이 지은 절구시(絕句詩) "향낙잡영"(鄕樂雜詠) 속에 나타나고 있습니다. 이 한시는 오수(五首)로 구성되어 있으며 지금은 그 내용을 잘 알

북청사자놀음에는 보통 두 마리의 사자가 등장한다.

수 없는 "금환(金丸)·월전(月顚)·대면(大面)·속독(束毒)·산예(狻猊)"등의 이른바 오기(五伎, 다섯가지 놀이)가 등장합니다. 그리고 그 가운데의 "산예"가 사자놀이입니다.

<산예>

遠涉流沙萬里來 멀리 사막을 건너오는 만리길 도정에서
毛衣破盡着塵埃 털옷은 찢어져서 먼지투성이가 되었네
搖頭掉尾馴仁德 머리와 꼬리를 흔들어 점잖게 노는 모습은
雄氣寧同百獸才 백수 모두 재주가 있다해도 이보다는 못할 것이다

이 시는 사자놀이가 고비사막을 넘어서 왔다는 것을 말해주고 있습니다. 이렇게 해서 사자놀이는 고려·조선시대를 거쳐서 오늘에 이르고 있는데 이 사자놀이의 주된 목적은 이른바 벽사진경(避邪進慶)에 있습니다. 사자는 백수의 왕으로서 사악한 것을 내쫓는 힘이 있다고 믿어졌으며 사자놀이는 잡귀를 추방해서 마을의 평화를 추구하는 행사로서 널리 인식되었습니다.

북청사자놀이는 음력 정월 15일 밤에 달이 떠오르면 시작되는데 청년들은 마을 대

---

① 고려시대에 김부식(金富軾, 1075—1151) 등이 고기(古記)와 유적(遺籍) 그 밖의 중국의 사서 등을 참고로 해서 엮은 한국에서 가장 오래된 정사(政史)이다. 그러나 원본은 없어지고 그 후 몇 번이나 개작되어 오늘에 이르고 있다.

② 최치원(崔致遠, 857—?) 신라시대의 저명한 학자이다. 12세 때에 당에 유학했으며, 17세 되던 해에 귀국하여 관리로서 출세했다. 그러나 후년에 와서 난세를 피해서 전국 유랑(流浪)의 길에 나서 가야산 해인사에서 입적했다고 한다.

항의 촛불싸움을 벌이게 됩니다. 이것이 끝나고나면 밤을 새워서 사자놀이를 합니다. 북청사자놀이는 크게 마당놀이와 사자놀이의 두 개로 나누어집니다. 마당놀이는 애원성춤, 사당거사춤, 무동춤, 넋두리춤, 꼽추춤, 칼춤 등의 개인놀이로 구성되고, 사자놀이는 두 마리의 사자가 등장해서 북과 통소 소리에 맞추어 온갖 기교와 춤사위를 벌이는 내용으로 구성되었습니다. 그리고 이 사자놀이는 초장·중장·종장의 세 부분으로 나누어져 있습니다. 다음에 이 세 부분의 내용에 대해서 간략하게 소개하겠습니다.

초장부분은 준비운동을 하는 단계입니다. 사자는 좌·우·상·하의 순서에 따라서 머리를 심하게 움직이는데 이것을 "모래기"라고 합니다. 옛날에는 사자의 머리와 몸둥이에 방울을 달아서 모래기를 할 때마다 요란한 소리를 내었지만 지금은 방울을 달지 않습니다. 이 부분에서 사자는 본격적인 몸동작은 하지 않고 모래기만을 하고 퇴장합니다.

다음은 중장인데, 여기에서 사자는 엎드리기도 하고, 엉금엉금 기기도 하고, 펄펄 뛰기도 하고, 또는 입 맞추고, 몸을 털고, 머리를 좌우로 돌려 이를 잡는 시늉도 하고, 꼬리를 흔들며 몸을 긁기도 하는 등 온갖 기교를 부립니다. 그리고 탄력적이며 힘찬 운동을 하기도 합니다. 이 때, 승무가 들어와서 사자를 중심으로 한삼의 소매를 공중에 뿌리면서 춤을 춥니다. 사자도 함께 신나게 춤을 추다가 양반이 던져 준 토끼를 먹고 그 자리에 비실비실 쓰러지고 맙니다. 이 때의 대사(臺詞)는 다음과 같이 진행됩니다.

양　반: 꼭쇠야 ―.
꼭　쇠: 예 ―.
양　반: 큰일 났구나. 사자가 쓰러졌다. 어쩌면 좋으냐?
　　　 (지금까지 나왔던 등장인물 전원이 다시 나와서 사자 주위에 원을 그리면서 삥 둘러서고, 사자 한 마리는 쓰러진 사자 주위를 맴돌며 엎드렸다섰다 하면서 안절부절 못하는 시늉을 한다)
양　반: (사자를 살펴본 다음 몹시 당황하여) 정말 큰일 났구나 ―. 꼭쇠야 ―, 대덕사의 고승을 불러다 염불이나 시켜 보자구 나 ―.
꼭　쇠: 예 ―.
　　　 (꼭쇠가 나가서 스님을 모시고 들어온다)
꼭　쇠: 양반, 대덕사의 고승을 모셔 왔습니다 ―.
양　반: (스님을 향해 허리를 굽히며) 대사, 염불을 부탁 드립니다 ―.
대　사: 예 ―. 알겠습니다. 염불을 올리겠습니다.
　　　 (스님이 목탁을 치며 반야심경 앞뒤 토막만을 외운다)
　　　 (원을 둘러싼 등장인물 전원은 염불소리에 맞춰 합장하고 절을 한다)
대　사: (경을 외우고 나서) 양반, 좀 있으면 소생할 것입니다.
양　반: 대사, 고맙습니다. 안녕히 가십시오 ―.
양　반: (대사가 물러간 다음 사자를 살펴보고 몹시 당황하며) 꼭쇠 야, 꼭쇠야 ―.
꼭　쇠: 예 ―

양　　반: 사자가 아직도 쾌치 못하니 의원을 불러들여라.
꼭　　쇠: 예 -. (의원을 데리고 온 후) 양반, 화타 편작같이 용한 의원을 모셔 왔습니다.
양　　반: 의원, 큰일 났습니다. 사자를 좀 낫게 해 주십시오.
의　　원: 어찌된 일입니까?
양　　반: 사자가 배고픈 것 같아서 토끼를 먹였더니 이렇게 쓰러졌습니다.
의　　원: 그럼 우선 진맥을 해봅시다.
　　　　　(사자를 진맥한 후에) 간맥을 해보니 먹은 것이 몹시 체했습 니다. 침을 놔야 되겠습니 다.
양　　반: 예 -. 빨리 낫게만 해 주십시오.
의　　원: (침을 놓은 후에) 양반, 침만 가지고는 안되겠습니다. 약을 먹여야겠습니다. (약병을 추켜들며) 이 약은 백두산 영봉에서 나온 감로수라는 귀한 약입니다.
양　　반: 예 -. 빨리 손을 써 주십시오. 꼭쇠야 -, 사자머리를 단단히 붙잡아라. 낯선 사람이라 물지 않겠느냐.
꼭　　쇠: (빈정거리는 말투로) 아, 일없슴매.
의　　원: (사자에게 약을 먹이는 동안 사자가 의원의 팔을 문다) 사람살려 -. (꼭쇠가 사자를 달래자, 사자가 의원의 팔을 놓아준 다) 아이쿠 큰일 날 뻔했다. 양반 -, 사자가 곧 소생할 것입 니다.
양　　반: 의원 수고했소. 안녕히 가십시오.
　　　　　(잠시 후 사자가 몸을 털면서 일어난다)[①]

마지막 종장부분에는 사자가 살아나서 춤을 계속 추고 승무가 또 들어가고 거사도 두 사람이 들어가서 원을 그리며 신나게 춤을 춥니다.

그런데 이 북청사자놀이의 특징은 다른 사자놀이에 비해서 매우 즉흥적인 요소를 많이 가지고 있다는 것입니다. 즉 북청사자놀이의 대사는 등장인물 상호간의 대화가 그 자리에 따라서 변할 수도 있습니다. 이것은 대화뿐만이 아닙니다. 구경꾼 가운데 부녀자가 있으면 그 앞에 가서 여러 가지 기교를 부리기도 하는데 부녀자들은 무서워서 이리 뛰고 저리 뛰고 야단법석을 떨기도 합니다. 이것을 전통예능이라 하는 것도 오늘날에는 관중과 함께 호흡을 할 필요가 있기 때문입니다.

사물놀이

이 "사물"이란, 꽹과리·징·장구·북의 네 종류의 악기를 말하는 것으로 이 악기를 두들기면서 즐겁게 춤추는 것을 "사물놀이"라 합니다. 이것은 그 높은 수준의 연주기술을 개척함으로써 오늘날 한국의 가장 인기있는 연주음악이 되고 있습니다.

원래 사물놀이는 농악을 바탕으로 한 것인데 거기에 새로운 음악성을 넣어줌으로써 훌륭한 악기연주로 예술성이 인정된 것입니다. 농악이라 하는 것은 농업에 종사

[①] 전경욱, 《북청사자놀이연구》, 태학사, 1997

하는 비전문가들에 의해 그들의 공동체 속에서 공연되었던 것이지만, 사물놀이는 오늘날 전문적인 재주꾼이 그 구성원이 되고 있습니다. 당초 남사당에 속해 있던 20대의 젊은 예인들이 1978년에 대표적인 네 개의 타악기를 골라서 "사물놀이"라는 이름의 새로운 단체를 만들었습니다.

　이와 같이 해서 만들어진 사물놀이는 본래의 농악 리듬에 노래와 춤을 덧붙임으로써 단순한 농악이 아닌 훌륭한 예술성을 인정 받게 된 것입니다.

单词

남사당놀이 男寺党戏	최치원 崔致远(人名)
꼭두쇠 领头人	오기 五技
우두머리 首领	고비사막 戈壁沙漠
유랑 예능인 流浪艺人	촛불싸움 烛火战
남사당패 男寺党艺人团	애원성춤 哀怨舞
곰뱅이쇠 二把手	사당거사춤 祠堂居士舞
수련생 研修生	무동춤 舞童舞
등짐꾼 跑腿生	넋두리춤 咒语舞
풍물 风物戏	꼽추춤 罗锅舞
버나 转碟子	칼춤 刀舞
살판 跳马	꽹과리 小锣
어름 走绳索	징 锣
덧뵈기 假面舞	장구 长鼓
덜미 木偶剧	북 鼓
북청사자놀이 北青狮子戏	사물놀이 四物游戏
삼국사기 三国史记	

第四章　韩国的主要民俗活动

　한국의 민속 행사는 각 지역의 역사적 문화적 전통을 잘 살려서 다양하게 펼쳐집니다. 그 가운데는 오랜 전통을 그대로 간직하고 있는 것도 있으며, 새로운 시대적 추세에 맞추어 약간 변형된 것도 있습니다. 이들 민속 행사의 종류는 매우 많지만 그 가운데서 가장 대표적인 것 몇 가지를 골라 소개했습니다.

第七课

> **思考题**
>
> * 一、江陵端午祭的主要活动有哪些?
> * 二、"花郎五戒"的内容是?
> * 三、百济文化与日本有何渊源?
> * 四、春香祭的代表意义是?

1 江陵 端午祭
강릉 단오제

강릉 단오제의 역사는 멀리 기원전의 부족국가 시대로 거슬러 올라갈 수 있다고 하지만 그것은 분명치 않습니다. 그러나 조선시대 중기부터 민속행사로 전승되어 온 것은 거의 확실하다고 할 수 있습니다.

단오제에는 설화적 요소와 함께 불교적 및 유교적인 요소와 민중의 신앙적 요소가 혼재해 있습니다. 그러므로 단오제는 모든 계층의 사람들이 함께하는, 이른바 해방공간이기도 합니다.

강릉 단오제의 특징으로 "단오굿"이 있습니다. 이 행사는 대관령에서 흘러내린 남대천변에 설치되는 단오장에서 집행됩니다. 이 굿은 매년 음력 4월 5일에 신주(神酒)를 빚고 대관령에 올라가서 성황님을 모셔오는 행사에서 비롯되며, 5월 7일의 송신제(送神祭)까지 약 1개월 이상에 걸쳐 계속됩니다.

이 성황신은 신라시대의 고승 범일(梵日)이라 일컬어지고 있습니다. 이 사람의 어머니는 석천(石泉)이란 우물에 해가 비친 물을 떠 마신 꿈을 꾸고 임신했다고 합니다.

그리고 주된 행사인 단오제례와 굿이 엄숙한 분위기 속에 집행됩니다. 이것은 눈이 많이 내리는 이 지방의 험한 교통상황의 안전과 오곡의 풍작을 기원하는 내용이 기본이 되고 있습니다. 이 굿에는 또한 독특한 음악과 춤, 특이한 복식, 그리고 무가

단오굿을 구경하는 사람들.

창포를 삶은 물로 머리를 감으면 윤기가 난다고 해서 그 물을 머리에 붓고 있다.

(巫歌) 등의 구비(口碑)문학도 있어서 한국 샤머니즘의 정수를 모은 것으로 평가받고 있습니다.

　이 밖에 관노가면극과 농악경연대회, 씨름대회, 그네뛰기 등 50여종의 민속행사가 펼쳐집니다. 그리고 전국에서 수많은 예능인과 구경꾼들이 모여들어 기쁨과 즐거움을 함께하는 놀이문화가 연출됩니다. 특히 관노가면극은 이 지방의 수호신으로 전해지는 인물을 제재로 한 것으로 한국 가면극의 전통을 나타내는 무언극으로 정평이 나 있습니다.

　강릉 단오제는 이러한 고유성과 객관성이 인정되어 1967년 1월에는 중요무형문화재로 지정되었으며, 제례, 굿, 관노가면극의 예능인들도 예능보유자로 인정되었습니다. 그리고 다시 2000년에는 유네스코 무형 문화유산으로 선정되었으며, 이제는 명실 공히 세계인의 주목을 받는 한국의 대표적인 민속 행사로 자리를 잡고 있습니다.

2 庆州 新罗文化祭
경주 신라문화제

　경주는 신라 천년의 고도로 그야말로 문화의 보고라 할 수 있습니다. 경주 신라문화제는 이러한 아름다운 민족문화를 계승·보존하고 세계에 널리 알리기 위해서 1962년부터 2년을 주기로 하여 10월 초에 3일간에 걸쳐 열리고 있습니다.

　이 기간에는 2000년 12월 세계유산으로 등록된 경주 역사유적지구를 비롯해서 경주 일대에서 개막제, 민속경연, 문예창작, 민속 문화의 향연, 학술·체전·불교행사, 공연 등 6개 부문 30개 종목의 다양한 행사가 열립니다.

　신라의 불교정신과 진(智)·인(仁)·용(勇)을 상징하는 화랑[1]과 진(眞)·선(善)·미

---

[1] 신라시대 청소년들의 민간수련단체. 문벌과 학식이 있고 용모가 단정하고 덕행이 바른 소년들로 조직되었다.

(美)를 상징하는 원화①의 설화를 재현하는 화랑·원화 선발대회, 씨름대회, 원효②예술제, 시화전, 사극, 음악경연대회, 향토작가전, 가장행렬, 궁도대회, 한글백일장③, 탑돌이④, 궁중무용 등 꿈과 낭만이 가득한 행사는 경주 신라문화제가 거듭할수록 더욱 그 인기가 높아가고 있습니다.

늠름한 화랑들의 행진.

특히 젊은이들은 영예스러운 화랑과 원화로 선발되기 위해서 "아름다움과 재주"를 서로 경합합니다. "화랑"이라 하는 것은 신라 제24대 진흥왕 때에 조직된 청소년들의 수련단체로서 문벌과 학식이 있으며, 용모가 단정하고 품행이 바른 청소년들로 구성되어 있었습니다. 그들은 철저한 불교정신에 따라 "화랑 5계"를 지키고 항상 심신의 단련에 노력했습니다. "화랑 5계"란 다음과 같은 것입니다.

事君以忠 나라에 대해서는 충성을 다하고
事親以孝 부모에 대해서는 효성을 바치며
交友以信 친구를 사귐에 믿음이 있어야 하고
臨戰無退 싸움에 임해서는 물러서지 않고
殺生有擇 함부로 살생하는 일이 없도록 하라

한편 "원화"라 하는 것은 역시 신라시대의 여성단체로, 이목구비가 단정한 두 명의 여인을 골라 3백여명의 청년들을 이끌게 해서 그 기예와 능력을 평가해서 나라의 인재로 등용했다고 합니다. 이 화랑과 원화라 하는 것은 오늘날도 청소년들의 이상으로 여겨지고 있습니다.

또한 개막식 때의 "서제(序祭)"와 "천년의 길"이라 이름이 붙은 가장행렬은 신라문화제 가운데의 가장 볼만한 행사 중의 하나입니다. "서제(序祭)"는 천지신불 앞에 풍요로운 삶을 주신 것을 감사하고, 옛 문화를 조명하여 새로운 문화를 창조하려는 제전입니다. "천년의 길"은 가장행렬로 신문왕⑤이 통일신라를 이룩한 아버지 문무왕⑥

---

① 신라시대의 여자 화랑. 24대 진흥왕 때에 아름다운 두 아가씨를 뽑아 3백여명의 젊은이를 거느리게 하여 그 재주와 행실을 평가하여 나라의 인물로 등용하는데 이바지하였음.
② 신라시대의 이름난 고승. 해동종(海東宗)을 창시하였음. 아들 설총(薛聰)을 낳은 후에 파계하여 스스로 소성거사(小性居士)라 이르며, 불교사상의 종합과 실천에 힘썼다.(617—686)
③ 조선시대에 유생의 학업을 권장하기 위해서 각 지방의 유생들을 모아 시문을 짓게 하였다. 지금도 국가나 각 단체에서 실시하고 있는 시문경작대회에 이 말이 그대로 사용되고 있다.
④ 불교의식에서 유래된 일종의 민속놀이로, 석가 탄생일인 사월초파일이 되면 각 가정과 절에서는 등을 만들어 달고 불전(佛殿)에서는 큰 제가 올려졌으며 절의 마당에서는 탑돌이가 행해졌다. 처음에는 순수한 불교의 식으로 시작된 것이 차츰 일반적인 민속 행사로 확대되었다.
⑤ 신라 제31대 왕(재위 : 681—692). 관제를 정비하고 국학을 설립하고 문화의 융성에 힘썼음.
⑥ 신라 제30대 왕(재위 : 661—681). 1967년에 발견된 봉길리(奉吉里) 앞바다의 수중릉의 주인공.

을 참배하러 가는 행렬을 중심으로 신라시대의 여러 조형물과 고승들 및 화랑·원화가 행진하는 행사입니다. 이와 같이 신라문화제는 신라 천년의 영화를 오늘날에 재현하고 있는 민족적 제전이라 할 수 있습니다.

문화제 기간 동안에도 고분참관은 빼놓을 수 없다.

3 扶余、公州 百济文化祭
부여·공주 백제문화제

백제문화제는 백제문화의 유풍을 살리고 민족문화의 중흥을 다짐한다는 취지에서 1955년 부안군민 주도로 시작되었습니다. 현재의 충청남도 부여 부소산성①에 제단을 차리고 백제의 대표적인 "세 사람의 충신"인 성충(成忠)·흥수(興首)·계백(階伯)에게 제향하고 낙화암② 아래 백마강에서 수륙재③⑤를 펼친 것이 이 행사의 효시였습니다. "세 사람의 충신" 가운데 성충과 흥수는 주색에 빠져 정사를 돌보지 않았던 임금에게 목숨을 걸고 정사를 바로 할 것을 간한 사람이며, 특히 계백은 660년에 나당 연합군이 쳐들어오자 처자가 적국의 노비가 되지 않도록 손수 죽이고 본인도 황산벌 싸움에서 장렬히 전사한 것으로 유명한 사람입니다.

한편 공주시에서도 백제왕조의 전성기를 이루었던 문주왕(文周王)④·삼근왕(三

---

① 충청남도 부여군 부여읍 쌍북리(雙北里)에 있는 백제시대의 산성.
② 충청남도 부여군 부여읍 부소산(扶蘇山)에 있는 바위. 서기 660년(백제 의자왕 20년) 백제가 나당연합군(羅唐聯合軍)의 침공으로 함락되자 궁녀 3,000여 명이 백마강 바위 위에서 투신하여 죽었다고 하는데, 그 바위를 낙화암이라고 한다.
③ 물과 육지에서 헤매는 외로운 영혼에게 공양(供養)을 드리는 불교의식.
④ 백제 22대 왕(재위 : 475—477). 아버지 개로왕이 고구려군에 의해 전사하자 곧 즉위하여 국방에 힘썼다. 그러나 477년 역신 해구(解仇)에게 실권을 빼앗겨 피살되었다.

무령왕 추모제의 한 장면.

斤王)①·동성왕(東城王)②·무령왕(武寧王)③을 추모하는 제례를 공주 향교가 중심이 되어 개최하고 있었습니다. 그 후 1967년에 두 개의 축제가 통합되어 홀수 해에는 공주에서, 짝수 해에는 부여에서, 매년 10월 9일부터 12일까지 실시하게 되었습니다.

백제문화제는 시민들의 적극적인 참여로 해를 거듭할수록 발전해 행사종목이 100여 가지에 이르렀으나, 2005년부터는 10개 종목으로 정리해서 양보다는 질을 중시하는 행사로 재편되었습니다.

이 축제에는 연평균 12,000여명이 출연하고 있으며 문주왕의 웅진성 천도의식 및 행차, 앞에 말한 네 명의 왕을 추모하는 사왕(四王)추모제, 무령왕 즉위식 등의 7개 제전과 각종 국제학술강연회와 세미나 등의 학술대회, 여러 외국의 문화단체들이 참여하는 국제문화축제, 은산별신굿④ 등의 민속 놀이가 해마다 다양하게 펼쳐지고 있습니다.

최근에 이르러 백제문화제에 대한 일본 사람들의 관심이 높아지고 있는 것도 하나의 특색인데 그것은 백제문화가 일본문화와 매우 깊은 연관성이 있기 때문입니다. 특히 1972년에 발견된 공주 송산리 왕릉의 주인공 무령왕(재위:501~523)에는 대단한 인기가 모아지고 있습니다. 이 사람은 일본에 오경박사를 보내어 일본 고대문화에 기여했을 뿐만 아니라 스스로가 일본과 운명적 관련이 있다는 것이 지적되고 있습니다. 즉 《일본서기》에는 백제의 개로왕(재위:455~475)이 동생인 곤지(昆支)를 일본으로 파견할 때에 함께 가게 한 비(妃)가 일본의 "가카라섬"(各羅島)에서 아이를 낳았는데 그 아이가 바로 무령왕이라 기록되고 있습니다.

---

① 백제 23대 왕(재위 : 477—479). 13세로 즉위하여 역적 해구와 연신(燕信) 등을 토벌하였다.
② 백제 24대 왕(재위 : 479—501). 493년에 신라와 혼인동맹을 맺어 고구려와 싸웠다. 뒤에 방종과 사치를 일삼다가 신하의 손에 피살되었다.
③ 백제 25대 왕(재위 : 501—523). 512년에 양나라에 사신을 보내어 근친원교책(近親遠交策)을 쓰고 쌍현성(雙峴城)을 쌓는 등 국방에 힘썼다.
④ 충청남도 부여군 은산면 은산리 마을 사당인 별신당에서 열리는 제사를 말한다.

백제문화제 기간 동안 부여와 공주는 도시 전체가 모두 축제분위기에 휩싸이게 됩니다.

부교 건너기.

4 南原 春香祭
남원 춘향제

　남원 춘향제는 1931년 일제 강점기에 남원의 유지들이 주축이 되어 권번[1]의 기생들과 힘을 합하여 기금을 모금하고 춘향의 절개를 이어받고자 하는 목적에서 시작되어, 당시 개성·진주·평양·동래·한양 등지의 권번들과 협조하여 제관을 여성으로 하고 매년 제사를 지내왔습니다. 여성을 제관으로 삼은 것은 일본경찰의 날카로운 감시의 눈을 피하기 위한 지혜였습니다.

　춘향은 16살 되던 해 단오날에 사또의 아들인 이몽룡과 광한루[2]에서 만나 사랑을 맺게 되지만, 이도령은 한양으로 전근가게 된 부친을 따라 떠나게 됩니다. 그 후 후임 사또의 수청을 거부해 온갖 고초를 당하면서도 끝내 정절을 지켜냅니다. 춘향과 이도령의 아름다운 사랑과 정절, 잘못된 사회상에 항거하는 불굴의 정신 등을 담고 있는 춘향전을 바탕으로 하는 춘향제는 전국 최고의 향토문화축제로 잘 알려져 있습니다.

　2000년부터는 향토문화축제에서 한국의 대표적인 문화축제로 더욱 성장하기 위해 축제일을 양력 5월 5일로 변경하였습니다. 실시되는 행사에는 역대 춘향전 영화 상영, 사이버 춘향제, 춘향선발대회, 국악과 판소리 공연, 한복 패션쇼, 춘향 캐릭터

---

[1] 일제시대 때에 기생들이 기적(妓籍)을 둔 조합. 노래와 춤을 가르쳐 기생을 양성하고 요정에 나가는 것을 주선하기도 하였음.
[2] 전라북도 남원에 위치하고 있으며, 춘향과 이도령이 처음 만난 곳이자 춘향전의 무대로 널리 알려져 있다.

춘향제의 백미인 춘향 선발대회.

상품 판매 등이 있습니다. 뿐만 아니라 전통놀이 체험으로 목공예, 도예, 짚풀 공예, 한지 인형 만들기 등의 다채로운 행사도 실시하고 있습니다.

그러나 이 춘향제에서 가장 인기가 있는 것은 다름아닌 춘향선발대회입니다. "한국적 여성의 아름다움을 간직하고 있는 춘향", "재능과 교양을 아울러 가지고 있는 춘향"에 응모하기 위해 전국으로부터 수백 명의 미녀들이 모여듭니다. 이 가운데서 제1차 심사에서 80명을 고르고, 제2차 심사에서 30여명의 후보를 고르는데 최종심사에 합격하기 위한 참가자들의 눈물겨운 노력이 계속됩니다. 그리고 최종 발표 때에는 희비가 엇갈린 상황이 펼쳐집니다.

이 춘향제는 2001년 새 천년 첫 해에는 새천년준비위원회로부터 지역축제로 선정되었으며, 문화관광부 문화관광축제로도 선정되는 등 명실공히 한국 최고의 민속축제로 발전하고 있습니다.

单词

단오굿 端午巫俗
단오제례 端午祭礼
샤머니즘 萨满主义
관노가면극 官奴假面剧
농악경연대회 农乐表演大赛
씨름대회 摔跤大赛
그네뛰기 荡秋千
무언극 哑剧
개막제 开幕祭
민속경연 民俗表演
문예창작 文艺创作
화랑 花郎
원화 源花

가장행렬 化装游行
궁도대회 箭术比赛
한글백일장 韩语白日场
탑돌이 转塔游戏
화랑5계 花郎五戒
부소산성 扶苏山城
수륙재 水陆斋
황산벌 싸움 黄山伐战斗
은산별신굿 恩山别神巫俗
권번 券番
광한루 广寒楼
향토문화축제 乡土文化节

第八课

思考题

- 一、全州丰南祭的主要活动有哪些?
- 二、安东民俗祭的主要活动有哪些?
- 三、济州岛的开辟神话是什么?
- 四、耽罗文化祭的主要内容是?

5 全州 丰南祭
전주 풍남제

　　전주 풍남제는 1959년에 단오절을 "전주시민의 날"로 제정하면서 시작되었습니다. 2005년에는 47회째를 맞이하였으며 "풍요로운 천년 전주, 전통의 맛과 멋"이란 주제를 내걸고 4월 30일부터 5월 5일까지 성대하게 개최되었습니다.
　　이 축제는 전주의 역사와 문화적 전통을 전주시민 모두가 체험할 수 있는 대표적 축제로 그 명성을 이어가고 있습니다. 그래서 이 기간 동안 연례행사인 전주대사습놀이 전국대회①, 한시백일장, 조선무과급제 재현, 기접 놀이② 등 30여종의 다양한 시민위안 공연이 펼쳐집니다. 특히 전주의 기접 놀이는 지역사회의 단결과 예절을 다짐하기 위한 민속행사로서 15미터 길이의 기주(旗柱)에 폭 3미터, 길이 5미터의 용기(龍

---

① 조선 후기에 전주의 예술을 좋아하는 사람들이 동짓날 밤에 이름난 광대들을 초청하여 판소리를 듣고 노는 잔치에서 유래되었다. 그러나 일제치하에서 단절되었다가 1975년에 부활되어 "제 1회 전주대사습놀이 전국대회"가 열렸다. 당초에는 판소리·농악·무용·시조·궁도의 5개 부분이었으나 1983년도에 기악·민요·기야금병창·판소리 일반 등 4개 부분이 추가되었다. 참고삼아 "대사습(大私習)"이란 '경연대회'의 옛말이다.
② 이것은 전주 일대의 각 마을에서 칠월칠석이나 백중날에 한 마을의 초청에 의해서 마을마다의 단결과 친목을 다지기 위해서 시작된 민속놀이다. 깃발에 용과 거북이 그려져 있는데 이것은 기우(祈雨)를 상징하는 용신 신앙을 의미하는 것이다. 영기(令旗)의 인도를 받으며 용기(龍旗)가 등장하고 용기달리기·용기놀이·기부딪히기 등 여러가지 기예(旗藝)가 펼쳐진다.

旗)를 휘날리는 모습은 가히 이 지역의 대표적 놀이라 할 만합니다.

이렇게 천년의 역사를 오늘에 되살리고 있는 이 축제에는 시민이 감각적으로 그 멋을 느낄 수 있게 여러 가지 연구가 이뤄지고 있습니다. 그리고 이곳을 찾는 방문객도 새롭게 마련된 한옥마을①에서 이 고장의 풍요로운 멋과 맛 그리고 훈훈하고 따뜻한 인심을 느낄 수 있습니다. 다시 말하면 방문객들은 먹을거리, 볼거리, 놀거리

풍남제의 대표적 행사인 기접 놀이의 용기.

를 음미하면서 이 고장의 민속적, 예술적 전통문화를 체험할 수 있습니다.

또 시민들은 다양한 프로그램에 주체적으로 참가하고 있으며 주인의식과 공동체 정신을 만끽할 수 있습니다. 즉 풍남제의 주요 행사는 무엇보다도 전주의 역사와 문화를 한 눈에 볼 수 있는 초대형 퍼레이드라 할 수 있습니다. 기마대, 국악대, 가수단, 취타대 등과 함께 후백제의 견훤 대왕 행렬과 조선왕조 이태조의 어진행렬이 시내를 누빕니다. 이것은 견훤과 이성계가 이 지역과 깊은 관련이 있다는 것을 말해주고 있습니다.

즉 견훤은 900년에 당시 완주(完州)라 불리던 전주에 도읍을 정하고 후백제를 건국합니다. 그리고 927년에 경주의 포석정에서 연회를 베풀고 있던 신라의 경애왕을 죽이고 새로이 경순왕을 세우는 등 한때 후삼국 가운데 가장 강력한 나라였으나 결국 고려의 왕권에게 항복하게 됩니다.

전주의 역사와 문화를 한 눈에 볼 수 있는 이태조의 어진 행렬.

조선왕조의 시조 이성계도 선조대대 전주에 살고 있었지만 조부 때 정쟁(政爭)에 휩쓸려 일족 700여명은 삼척·의주 및 오늘날의 중국 동북부지방을 전전하게 됩니다. 그러다가 이성계는 영흥에서 태어나게 되고 그 후 개성으로 가서 고려시대에는 중앙정권의 중추에 등장하다가 마침내 조선을 건국하게 됩니다.

전주의 풍남제는 해를 거듭하면서 시민들의 자진 참여가 늘어나고 있으며 전주의 역사와 문화 의식을 공감하고 있습니다.

---

① 2002년 FIFA 월드컵을 계기로 천년고도 왕조문화의 뿌리를 재현하기 위하여 한옥마을 조성사업이 진행되었다. 오늘날은 전통문화센터·공예품전시관·명품관·한옥생활체험관·전통술박물관·전통한지원·한방문화센터 등의 문화시설이 갖추어져 있다.

6 安东 民俗祭
안동 민속제

안동 민속축제는 이 지역에 오래전부터 전해지고 있는 여러 마을의 축제를 모아서 1968년부터 시행되어 온 민속 행사입니다. 특히 차전놀이①·인교밟기②·짚풀공예경연대회·향음주례·경전낭송대회·천연염색 패션쇼 등은 이 지역의 특징을 잘 나타내고 있는 민속놀이라 할 수 있습니다. 이들 놀이 가운데 차전놀이는 나무로 만든 거대한 수레모양 위에 사람이 올라타고 그것을 많은 사람이 어깨에 메고 그 머리 부분을 서로 부딪치게 하는 남성적 놀이입니다. 한편 인교밟기는 여러 여성들이 허리를 굽혀 그 위에 공주님을 건너가게 하는 전형적 여성 놀이로 이 두 가지는 안동의 대표적 민속놀이라 할 수 있습니다.

차전놀이.

그리고 안동의 하회마을은 전통적 유교문화를 잘 보존하고 있는 곳으로 1999년 4월 영국의 여왕이 방문하여 더욱 유명해졌습니다. 이 곳에서는 하회별신굿 탈놀이를 비롯해서 여러 가지 민속공연이 실시되고 또 마을 앞의 기암절벽 위의 부용대에서는 자연의 이미지를 최대한 살리는 낙화놀이③가 재현되기도 합니다.

그리고 마을 어귀에 있는 하회탈 박물관에서는 국보 제212호에 지정되어 있는 여러 가지 모양의 하회탈이 전시되고 있습니다. 뿐만 아니라 여기서는 해설까지도 들을 수 있어서 하회 탈놀이를 이해하는데 많은 도움을 얻을 수 있습니다. 지금 전래되고 있는 하회탈은 각시·중·양반·선비·백정·할미 등 9종류가 있습니다. 그 밖에도 몇 가지가 더 있었지만 애석하게도 지금은 분실되고 없습니다. 이 박물관에는 또한 프랑스·뉴질랜드·일본 등 세계 각국의 탈이 전시되고 있어서 여러 나라의 탈을 비교해 볼 수도 있습니다.

또 안동이라 하면 이조시대의 석학 이황(李滉, 1501~1570)이 학문을 닦고 제자들을 가르친 도산서원을 빠뜨릴 수 없습니다. 이 서원은 이황이 정계를 은퇴하고 나서

---

① 이것은 경기오 가평(加平)과 강원도 춘천(春川) 지역에도 전래되고 있으나 안동에서는 「동채싸움」이 라고 하기도 한다.

② 이것은 놋다리밟기 혹은 기와밟기라고도 하며 고려 공민왕(恭王,재위:1351-1374)이 노국공주와 함께 안동 지역에 난을 피해 갔을 때 마침 개울을 건너게 되었는데 그 때 마을 처녀들이 나와 등을 굽혀 공주를 건너가게 한 것에서 유래하였다고 한다.

③ 일명 "선유줄불놀이"라고도 한다. 부용대의 벼랑 밑으로 흐르는 강위에서 선유시회(船遊詩會)를 하면서 이뤄지는 불꽃놀이 축제이다. 즉 시 한수가 지어질 때마다 부용대 정상에서 불붙인 솔가지 묶음을 절벽 아래로 던져 활활 타는 불꽃이 폭포처럼 떨어질 때 모든 사람이 "낙화(落火) 야!"라고 크게 환성을 지른다.

인교 밟기.

이 곳에 와서 10년만에 후진들을 양성하기 위해서 세운 것입니다. 그 후 그가 죽은 뒤 4년 후에 스승의 학덕을 기리기 위해 제자들이 새로이 고쳐 지었다고 합니다. 이 서원에는 그가 제자들에게 공부를 가르쳤다고 하는 도산서당을 비롯해서 몇 개의 부속건물이 있습니다.

안동 민속제에서는 또한 높은 수준의 음주문화를 엿볼 수 있는 향음주례와 나라의 경사가 생겼을 때에 특별히 실시되던 도사별시 등을 볼 수 있습니다.

7 济州 耽罗文化祭
제주 탐라문화제

해마다 9월 말에서 10월 초가 되면 제주도는 섬 전체가 축제의 열기로 술렁거리게 됩니다. "천년의 탐라문화"를 주제로 한 제주의 대표적 축제가 열리기 때문입니다.

제주의 역사와 문화 그리고 예술을 주제로 하는 탐라문화제의 효시는 1962년으로 거슬러 올라갑니다. 그 후 1965년에는 한라문화제로 개칭되어 향토문화축제로 크게 발전해 오다가 2005년에 다시 탐라문화제로 개편되어 명실공히 천년의 역사를 오늘날에 되살리는 새로운 전기를 맞이하게 되었습니다.

제주도는 탐라의 개국신화부터 다른 지역과는 또 다른 특이한 성격을 지니고 있습니다. 그리고 오랫동안 독립된 부족국가로서의 체제를 유지해 왔습니다.

제주도의 개벽신화는 "3성(姓)신화"로 잘 알려져 있습니다. 이 신화에 따르면 태고에 한라산 북쪽의 삼성혈이라는 동굴에 이상한 정기(精氣)가 감돌더니 세 사람의 신인이 차례로 지상으로 나왔다고 합니다. 온 몸에서 광채를 발하고 있는 늠름한 삼 신인은 각각 고을나(高乙那)·양을나(梁乙那)·부을나(夫乙那)라 칭하는 것이었습니다. 그들은 사면이 바다로 둘러싸인 아름다운 섬에서 과일을 채취해서 먹으며, 물고기를 낚고, 사냥하러 나가는 등 사이좋게 지내고 있었습니다. 부족한 것이 하나도 없는 낙원에서의 생활이었지만 단 하나 빠져 있는 것이 있었

제주의 명물인 기마행진.

습니다. 이 때 탐라의 동쪽에 벽랑국(碧浪國)이라 부르는 나라가 있었습니다. 그 나라의 임금에게는 일곱 명의 공주가 있었는데 그 가운데 네 사람은 멀리 단적국(丹狄國)으로 출가하고 세 사람의 총명한 공주가 남아 있었습니다. 그 왕에게 어느 날

"서남 해상에 탐라라 부르는 섬이 있다. 거기에는 세 사람의 신인이 있어서 새나라를 세우려 하고 있다. 그대의 딸 셋을 거기에 보내어 출가시키는 것이 좋을 것이다. 비옥한 토지에서 자손들이 번영할 것이고 영화를 얻을 수 있을 것이다"

라고 하는 천제의 소리가 들렸습니다. 그래서 왕은 나무를 베어 배를 만들고 오곡의 씨앗과 송아지와 망아지 그리고 세 사람의 공주와 몇 명의 사자를 배에 태워서 탐라국으로 출범시켰습니다.

이렇게 해서 제주도의 동쪽 바닷가에 도착한 세 공주는 머리에 천관(天冠)을 얹고 온몸에서는 상서로운 향기를 풍기면서 세 신인 앞에 나타난 것입니다. 그래서 신인들은 이 세상에 나타난 순서에 따라 각각 공주님들을 맞이하여 결혼하게 되었습니다. 이렇게 해서 그들은 오곡의 씨앗을 뿌려서 농사를 짓고 소와 말을 길러 행복한 생활을 하게 되었다고 합니다.

제주도는 고려시대 중기부터 조선시대에 이르면서 한반도의 정치권으로 편입되었습니다. 그래서 제주도의 특이하고 아름다운 자연과 함께 특수한 사회적 배경으로 인해서 축제의 내용도 매우 다양합니다.

그 주요한 내용을 살펴보면 기원대축제·전통문화축제·제주민화대축제·신토불이축제 등을 비롯해서 중요무형문화재 71호인 제주칠머리당굿①·해녀놀이·영감놀이

기원 대축제를 관람하는 제주도민과 관광객.

---

① 바다를 다스리는 신인 "영등할망"을 위해 베푸는 굿이며, "잠수굿"·"해신제"·"해녀굿" 등의 명칭으로 불리기도 한다. 이 굿은 해녀들이 거두들이는 해산물의 풍요와 바다의 안전을 위해서 비는 내용이다. 제주 특유의 해녀신앙과 생활민속이 담겨 있으며 인간문화재인 안사인에 의해서 제주시 칠머리당에서 공개되고 있다.

등 무형문화재들이 실로 풍부합니다. 뿐만 아니라 고성오광대·진도강강술래·봉산탈춤·황해도평산소놀음 등 다른 지방의 무형문화재도 함께 초청되어 한국의 민속예술의 진수들을 모두 감상할 수 있습니다.

 그리고 "신들의 고향"으로 알려진 제주의 신당을 둘러보는 신당탐방은 제주가 아니면 볼 수 없는 귀중한 경험이 될 것입니다. 그리고 제주의 독특한 민속유물과 지질 해양생물 등 풍부한 자연사 자료를 보여주는 민속 자연사박물관과 교육 박물관 등의 박물관 순례와 제주도의 선조인 탐라 선사시대의 생활체험은 제주의 역사와 문화에 대한 이해를 한층 심화시켜 줄 것입니다. 또 제주의 신선한 해산물을 맛보는 것도 빠뜨릴 수 없는 즐거움이 될 것입니다.

单词

전주대사습놀이 全州大私习游戏	도산서원 陶山书院
기접놀이 旗接游戏	도사별시 道士别试
한옥마을 韩屋村	3성신화 三姓神话
포석정 鮑石亭	기원대축제 祈愿大庆典
차전놀이 车战游戏	신토불이축제 身土不二庆典
인교밟기 踩人桥	제주칠머리당굿 济州本乡堂巫俗祭
짚풀공예경연대회 草编工艺表演大会	해녀놀이 海女游戏
향음주례 乡饮酒礼	영감놀이 老头儿游戏
경전낭송대회 经典朗诵大会	고성오광대 固城五广大
천연염색패션쇼 天然染色时装秀	진도강강술래 珍岛强羌水越来
하회별신굿 河回别神祭	황해도평산소놀음 黄海道平山斗牛戏
낙화놀이 落火游戏	

第五章　今日韩国

　　해방 후 60여년이 경과한 오늘날 한국은 많은 발전을 거듭하고 있습니다. 그러나 그 과정에서 동족끼리 전쟁을 치르기도 했으며, 숱한 정치적 시련을 겪기도 했습니다만, 이것을 슬기롭게 극복했습니다. 이제 정치적으로는 민주주의가 정착되어 가고 있으며 경제적, 사회적 그리고 문화적으로 선진화의 길을 향해 달리고 있습니다.

第九课

思考题
- 一、韩国的地方自治有何特点?
- 二、韩国当今的经济现状是?
- 三、韩国社会存在的严重问题是?

1 韩国的政治
한국의 정치

　　1945년 8월 15일에 해방된 한국은 미국과 구소련에 의해서 분할·점령 되어, 국토 분단이라는 비극적 현실을 맞이하게 되었습니다. 이러한 상황에서도 민주국가 수립을 위한 노력을 계속한 결과, 1948년 5월 10일 총선거를 실시하고 7월 17일에 헌법을 제정하여 8월 15일에 대한민국의 정부를 수립하였습니다. 그 후 아홉 번의 개정을 거쳐 1987년 10월 29일 현행 헌법이 개정·공포되었습니다.

　　헌법은 인간존엄의 실현을 위해 자유와 민주정치를 추구하면서 국민주권주의, 자유민주주의, 법치주의 등을 기본원리로 삼고 있으며, 헌법 1조 2항에서 "대한민국 주권은 국민에게 있고 모든 권력은 국민으로부터 나온다"고 규정하여 국민 주권을 직접적으로 선언하고 있습니다. 또한 이념적으로 자유민주주의를 전제로 한 법치주의를 기본원리로 하여, 사람에 의한 지배가 아닌 법에 의한 지배를 추구하고 있습니다. 또한 헌법 전문에서 조국의 평화적 통일을 국민의 역사적 사명이라 선언하고, 특히 4조에서는 "대한민국은 통일을 지향하며, 자유민주적 기본질서에 입각한 평화적 통일 정책을 수립하고 이를 추구한다"라고 규정하고 있습니다.

　　한국의 통치제도는 엄격한 권력분립을 통한 "견제와 균형"을 기본으로 하는 대통령 중심제입니다. 대통령은 국민의 보통·평등·직접·비밀선거에 의해서 선출되며, 임기는 5년으로 중임할 수 없습니다. 그러나 1969년 3차 개헌 당시인 제 2공화국 때에는 짧은 기간이었지만 내각책임제가 채택된 적도 있었으며, 7차 개헌의 유신헌법 때와 8차 개헌의 제 5공화국 때에는 대통령이 간접선거에 의해 선출되었던 적도 있었습니다.

한국의 지방자치제도는 제헌의회 때에 지방자치법이 규정되고 1952년에 처음으로 지방의회가 구성되었으나, 1961년 군사쿠데타로 인해 의회가 해산되었습니다. 그 후 1987년의 제9차 헌법 개정에 의해서 지방자치법이 제정되어 1991년에 지방의회가 구성되었고, 1995년에는 지방자치단체의 장을 주민들이 직접 선출하게 됨으로써 비로소 실질적인 지방자치시대가 열렸습니다. 그리고 2007년 5월에는 주민소환법이 발효되었으며 7월 1일부터 시행되고 있습니다. 이로써 행정처분이나 결정에 심각한 문제점이 있다고 판단되는 경우 절차를 밟아 자치 단체장이나 의원의 책임을 효과적으로 물을 수 있게 되었습니다. 이러한 주민소환법은 미국·일본·독일·스위스 등에서 이미 실시되고 있어서 이제 한국도 명실공히 선진 지방자치 시대로 진입하게 되었습니다.

이와 같이 한국의 정치는 여러 가지 곡절을 겪어 왔지만, 그러한 어려운 여건 속에서도 국민들의 노력과 항쟁으로 발전해 왔습니다. 권위주의 정권의 통치 아래에서 민주주의의 소중함을 깨달았고, 그에 따라 국민들의 민주의식도 성장을 거듭했습니다. 그러나 민주정치의 진정한 발전을 위해서는 아직 해결해야 할 과제가 많이 있습니다. 민주주의의 발전과 인간다운 생활을 실현하기 위해서는 끊임없는 노력이 계속되어야 할 것입니다.

2 韩国的经济
한국의 경제

현대 사회는 글로벌 지식사회라 불리며, 경제 사회의 모든 제도가 개개인의 창의성을 최대한 발휘할 수 있도록 되어 있으며, 국내 제도와 관행도 국제적 기준에 부합되도록 개방되고 있습니다. 그로 인해 대내적으로 사회 통합 속에서 안정적 성장을 이룩하고, 대외적으로는 모든 제도와 관행을 투명하게 운영함으로써 실질적인 국제 사회의 일원이 될 수 있는 것입니다.

지금 한국 경제는 이러한 방향을 향해서 나아가고 있습니다. 한국은 1996년 말 OECD(경제협력개발기구)에 가입하여 30개 회원국 가운데 빠르게 성장하고 있는 나라 중에 하나로 손꼽히고 있습니다. 이는 지난 1996년 가입 당시 12위였던 경제규모가 2000년에는 10위로 올라갔으며, 부(富)의 상징으로 여겨지고 있던 자가용의 증가도 불과 20년 만에 약 37배로 증가했다는 것을 봐도 알 수 있습니다.

그러나 국민의 "삶의 질"은 아직까지 선진국 수준에는 미치지 못하고 있습니다. GDP(국내총생산)는 OECD 국가 가운데 10위이지만 1인당 GDP는 겨우 2만 달러 정도로서 24위에 머물고 있습니다. 또 세계 5위의 자동차 생산국이지만 인구 1,000명당 자동차 보유대수는 256대로, 멕시코·헝가리·터키 등과 함께 하위권에 머물고 있습니다. 반면에 여자 아이 100명당 남자 아이 수를 나타내는 출생 성별비는 OECD 국가 가운데 가장 높습니다. 이는 남아 선호 사상이 얼마나 심각한가를 말해주고 있다고 할 수 있습니다. 뿐만 아니라 인구 100만 명당 연간 도로 교통사고 사망자수도 198명으로, 그리스에 이어 두 번째로 높습니다. 이혼율 역시 30개 회원국 가운데 8번째로 높은 실정입니다.

서울의 중심가는 고층 건물들이 나날이 늘어나고 있다.

그리고 경제성장은 또 다른 면, 예를 들면 환경의 파괴나 범죄의 증가와 같은 여러 가지 부정적인 것을 수반하는데, 이러한 것을 효과적으로 다루는 수준이 아직 매우 낮은 단계입니다.

21세기의 세계경제의 큰 흐름은 세계화와 정보화 그리고 이에 대한 지식기반의 조성으로 요약할 수 있습니다. 이러한 흐름에 뒤처지지 않도록 한국은 많은 노력을 기울여야 할 것입니다.

3 韩国的社会
한국의 사회

오늘날의 사회는 변화의 속도가 매우 빠르고, 특정한 한 분야가 아닌 다양한 분야에서 광범위하게 일어나고 있습니다. 특히 컴퓨터나 통신기술의 발달은 기업 활동이나 교육을 비롯해서 쇼핑·여가활동·행정서비스에 이르기까지 생활의 모든 면에 커다란 영향을 미치고 있습니다.

휴대폰이나 인터넷이 널리 보급되고, 홈뱅킹이나 홈쇼핑, 화상대화, 원격 교육 등과 같은 일들이 우리 주위에 흔히 볼 수 있는 일이 되어가고 있습니다.

특히 한국의 정보산업 발달은 눈부신 발전을 거듭하고 있는데, 예를 들면 인터넷 이용자수는 2006년 3천만 명을 넘어 인구당 그 비율은 선진국인 영국이나 독일보다 높습니다. 이러한 정보사회로의 변화는 세계적인 현상이며, 우리들은 이러한 흐름에 적극적으로 대처하는 자세를 가져야 합니다.

또한 한국은 1987년 8월 민주화항쟁 이후 시민의식이 급성장하면서 환경·여성문제·소비자보호·부패추방 등 여러 분야에서 활발하게 시민운동이 전개되고 있으며, 사회를 바르게 발전시키는 데 큰 역할을 하고 있습니다.

이러한 과학기술의 발달로 편리하고 풍요로운 생활을 누리고 있는 반면, 여러 가지 부작용도 나타나고 있습니다. 예를 들면 인터넷은 우리들의 사이버 공간을 확대시키면서 무한한 가능성을 열어주고 있지만, 개인의 사생활이 침해될 가능성이 많아졌으며, 인터넷을 통한 상품이나 금융거래는 개인 정보의 유출이라는 부작용을 일으키고 있습니다.

또한 자원개발이라는 미명아래 자원이 점점 고갈되고 환경이 파괴되는 등의 문제도 발생하고 있고, 산업화의 물결은 광범위한 노동자 집단을 낳았으며 이에 따른 노사갈등 문제도 심각해지고 있습니다. 경제의 성장으로 절대적 빈곤에서는 벗어났지만, 빈부격차에 따른 상대적 빈곤의 문제는 여전히 해결해야 할 과제로 남아 있는 것입니다. 그러나 더욱 심각한 것은 경제 사회의 성장제일주의가 돈을 벌기 위해서는 수단과 방법을 가리지 않는 편법과 황금만능주의, 과시적 소비풍조를 확산시킨 것입니다.

한편 한국도 이제 고령화시대에 들어서 새로운 문제가 발생하고 있습니다. 고령화의 부작용으로 사회의 활성화가 둔해지는 것이 첫번째 문제지만 그 밖에도 평균수명은 늘어나고 있지만 이른바 건강수명은 거기에 뒤따르지 못하고 있다는 것도 문제점의 하나로 지적되고 있습니다.

다시 말하면 한국은 2006년 평균수명은 78.6세(여성 81.8세, 남성 75.1세)로 선진국 수준에 가까워졌습니다. 그러나 건강수명은 68.6세에 불과합니다. 이것은 약 10년간은 질병이나 각종 부상에 시달려서 제대로 된 삶을 살 수 없다는 것을 의미합니다. 그래서 한국의 건강수명은 OECD 16개국 가운데 14위의 수준인 것입니다.

사회변동은 우리가 바라는 방향으로만 변하지 않기 때문에 한국인은 사회의 주체로서 좀 더 나은 세상을 만들기 위해 끊임없는 노력을 하지 않으면 안 됩니다.

单词

민주정치 民主政治	시민의식 市民意识
내각책임제 内阁责任制	소비자보호 消费者保护
지방자치제도 地方自治制度	부패추방 腐败消除
제헌의회 制宪议会	금융거래 金融交易
하위권 下游圈	노사갈등 劳资纠纷
남아 선호 사상 重男轻女思想	빈부격차 贫富差距
통신기술 通信技术	성장제일주의 发展优先主义
여가활동 休闲活动	황금만능주의 金钱万能主义
행정서비스 行政服务	고령화시대 高龄化时代
원격 교육 远程教育	평균수명 平均寿命
민주화항쟁 民主化抗争	건강수명 健康寿命

第十课

思考题
- 一、韩国的三大宗教是什么？
- 二、巫党有哪些作用？
- 三、风水地理说是指？

4 韩国的宗教
한국의 종교

　　오늘날의 한국은 전형적인 종교 다원화 사회입니다. 전통적인 무속과 유교·불교를 비롯해 가톨릭·개신교 등의 외래종교와 민족종교라 불리는 천도교·원불교·대종교와 같은 다양한 종교가 혼재하고 있으며, 이들은 한국사회의 문화형성에 많은 기여를 하고 있습니다. 여기에서는 한국에서 가장 대다수가 믿고 있는 종교인 불교와 가톨릭, 개신교에 대해서 간단히 설명하고, 전통적 무속에 대해서는 별도로 논하기로 하겠습니다.

　　불교가 처음 반도에 들어온 것은 삼국시대입니다. 고구려는 372년에, 백제는 384년에 그리고 신라는 417년에 중국을 거쳐 들어왔습니다. 그러나 불교가 실제로 공인된 것은 신라의 법흥왕① 15년(518)부터라고 할 수 있습니다. 처음에는 불교와 고유신앙 사이에 갈등이 있었으나, 유명한 이차돈(異次頓)②의 순교에 의해서 정식으로 국교로 인정받게 되었습니다.

　　한국의 불교는 교종(敎宗)과 선종(禪宗)으로 크게 나눌 수 있습니다. 교종은 신라시대에는 열반종·계율종·화엄종 등 크게 성하였으며, 선종도 강서선·조동선·천태종

---

① 신라 23대 왕(재위:514-540). 즉위한 지 7년만인 520년에 율령을 선포하고 백관의 공복(公服)을 제정하는 등 국가 체제의 확립에 힘썼다.
② 신라 법흥왕 때의 불교 순교자이다. 모든 신하들의 반대를 무릅쓰고 불교의 공인을 주장하다가 자청하여 처형됨. 죽을 때 흰 젖빛의 피가 솟구치는 이적(異蹟)이 일어나서 그 후부터 모두 불교를 믿게 되었다고 한다.

등 여러 계파가 있었으며, 현재는 조계종이 주류를 이루고 있습니다. 불교는 조선시대에 와서 크게 탄압을 받고 위축되었으나, 일제 강점기를 거쳐 해방 후에는 크게 발전하여 오늘날은 한국의 대표적 종교로서 자리잡았습니다.

가톨릭교는 17세기 초엽부터 조선의 지식인들, 특히 남인(南人)[1] 학자들이 지식차원으로 탐구하였으며, 그 후 문화변동에 의한 전통적 가치관에 대한 반항과 새로운 사회를 모색하려는 분위기 속에서 민중들 사이로 급속히 침투해 갔습니다. 이는 실학운동[2]이라는 시대의 흐름에 따르는 결과이기도 했습니다.

한편 개신교는 19세기 말에 미국·영국·독일·이탈리아·러시아 등 열강에 문호를 개방하면서 언더우드[3]와 아펜젤러를 비롯한 선교사들이 들어옴으로써 한국사회에 널리 뿌리를 내리게 되었습니다. 이들 선교사들은 학교와 병원 등 사회사업을 통한 복음전파에 힘을 기울였으며 특히 지식인들 사이에 보급되었습니다.

가톨릭교와 개신교같은 서양종교가 한국인에게 강력한 영향을 준 것은 무엇보다도 가혹한 계급신분제도에 얽매어 있던 민중들에게 사해동포[4]와 인류평등의 사상을 심어주었고, 이것이 그들에게 큰 감동을 주었기 때문입니다.

이들 불교, 가톨릭교, 개신교 등 3대 종교의 교세의 변화는 약간의 차이는 있으나 점진적인 상승세를 보이고 있으며 이른바 한국의 3대 종교로 자리를 잡고 있습니다.

전국 어디서나 흔히 볼 수 있는 교회.

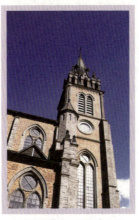

붉은 벽돌로 고딕식으로 지은 성당.

석가탄신일을 맞이한 사찰의 모습.

---

[1] 조선 시대의 사색당파 가운데의 하나. 조선 14대 선조 때에 동인에서 갈라졌다. 이산해(李山海)를 중심으로 한 북인에 대하여 유성룡(柳成龍), 우성전(禹性傳) 등을 중심으로 이루어진 당파이다. 우성전의 집이 남산 밑에 있었음으로 남인이라 불리게 되었다.
[2] 중국의 양명학의 영향을 받아 조선의 젊은 유학자들을 중심으로 일어난 개혁적인 사상운동으로, 사회 전반에 걸쳐 많은 개혁과 변화를 주고자 했으며, 기독교가 한국에 들어오는데 영향을 미쳤다.
[3] H.G.Underwood. 미국인 선교사이며 교육자로서 1884년 초대 선교사로 임명되어 아펜젤러(Appenzeller)와 함께 입국했다. 1887년 서울 새문안교회를 설립하였으며 경신학교에 대학부를 설치했으며, 연희전문학교 설립에도 힘썼다.
[4] 《논어》의 〈안연편(顔淵篇)〉에 나오는 말로, 사해는 온 천하를 지칭하며, 세상의 모든 사람들이 형제와 같이 친하게 지내야 한다는 뜻이다.

그리고 이들 3대 종교를 포함한 그 밖의 종교단체들은 21세기를 맞이하여 '한국종교 지도자협의회'라는 상설기구를 만들어 조선의 종교계와도 교류하는 등, 신앙생활의 새로운 방향을 모색하는 다양한 노력을 기울이고 있습니다.

5 韩国的巫俗
한국의 무속

옛날 무당은 개인의 문제뿐만 아니라 국가나 국왕의 중요한 업무에도 참여하였습니다. 무당은 늘 왕의 가까운 곳에 있으면서, 나라에 안 좋은 일이 있거나 괴기(怪奇)한 현상이 일어날 때에는 왕의 자문에 응했으며, 때로는 왕의 병을 고치기도 하고 미래에 대한 예언을 하는 등 중요한 일을 맡아보고 있었습니다. 과학만능시대로 일컬어지는 오늘날에 있어서도 무속은 완전히 사라지지 않고, 일반서민층에서부터 고위층까지 다양한 사람들이 점을 치고, 재액을 쫓으며 성공을 기원하고자 무당을 찾는 등 한국인들 생활의 주변에서 여전히 적지 않은 영향을 주고 있습니다.

이들 무당은 어떤 과정을 거쳐서 입무(入巫)하게 되는가? 대체로 '무병(巫病)'을 앓아 접신하게 되는 경우가 일반적입니다. 즉, 그들은 어느날 갑자기 원인을 알 수 없는 지독한 병을 앓게 되는데, 그때 접신한 신을 맞이함으로써 병은 씻은 듯이 치유되고 그때부터 그들은 무사(巫事)를 집행하게 됩니다. 무당은 무사를 집행하면서 대개 방울, 북, 거울과 같은 무구(巫具)를 사용하는데, 이러한 무구들은 착한 신은 좋아하지만, 나쁜 신은 두려워 한다는 믿음에서 비롯된 것입니다. 단군신화에 있어서의 '천부인(天符印)'[①]은 결국 세 가지의 무구를 성물화(聖物化)한 것이라 할 수 있을 것입니다.

고대의 기록에 나타난 무당의 역할은 여러 가지가 있습니다. 몇 가지 예를 들면
(1) 날이 가물 때에 비가 내리도록 비는 "기우(祈雨)"
(2) 삼신할머니나 산천의 큰 바위를 찾아다니며 아들 낳기를 비는 기자(祈子)
(3) 나라를 다스리는 왕가의 복을 비는 "기은(祈恩)"
(4) 집안의 평온함을 비는 "안택(安宅)"
(5) 집안 사람들이 병들지 않고 건강하게 지내도록 비는 무병식재(無病息災)
(6) 마을이나 지역의 안전함을 비는 성황(城隍)[②]

등의 이른바 기복제(祈福祭)를 집행하는 것입니다. 기자나 안택, 질병치료 등은 개인적인 것이기 때문에 주로 집안이나 특정 장소에서 하는 경우가 대부분이었으나, 기

[①] 단군 신화에서 환웅(桓雄)이 천제로부터 받아 내려왔다고 하는 세 가지 보물. 그 내용은 분명치 않으나 바람·비·구름에 관련 있는 물건으로 여겨지고 있다.
[②] '서낭'의 원어로서 마을의 터를 지켜주는 신이다. 원래 도성(都城)을 지켜주는 신이었으나 토속신으로 화하여 마을의 수호신으로 신앙되었다.

은이나 기우제같은 경우는 국가적 행사로서 매우 성대하게 치러지기도 했습니다. 기우제를 지내는 장소로는 산정(山頂)이 많았으며, 시기는 주로 음력 15일 전후의 길일을 택하여 실시되었습니다.

또 옛날에는 전국 어디를 가나 산길을 가노라면 큰 나무아래 적석단(積石壇)①으로 되어 있는 곳이 있었는데 이것이 곧 성황당으로, 그 마을의 수호신이었습니다. 성황제를 지내는 경우도 그 마을의 수준에 따라서 넉넉하게 제물을 마련하여 수일을 두고 지내는 경우도 있었습니다. 또 아이를 낳지 못하는 것은 "칠거지악(七去之惡)"에 속한다고 하였습니다. "칠거지악"이라는 것은 즉, (1) 시부모님에게 불손한 것, (2) 아이를 낳지 못하는 것, (3) 행실이 좋지 않은 것, (4) 질투를 일삼는 것, (5) 나쁜 병을 가진 것, (6) 남의 구설에 오르내리는 것, (7) 도벽이 있는 것 등입니다만, 요컨대 아이를 낳는 것은 아내의 의무이며 이 의무를 다하지 못하는 경우에는 남편이 첩을 두어도 질투를 해서는 안 되는 것으로 인식되어 온 것입니다.

오늘날의 무속은 사주(四柱)·궁합(宮合)·관상(觀相) 등의 이른바 역학(易學)과도 습합하면서 한국인들의 일상생활에 많은 영향을 끼치고 있습니다.

6 韩国的风水地理
한국의 풍수지리

풍수지리설은 풍수설 또는 지리설이라 약칭되기도 합니다. '풍수(風水)'란 용어는 중국의 곽박(郭璞, 276~324)이 쓴 "장경(葬經)"이란 책에 처음으로 나오는데 '장풍득수(藏風得水)'를 줄인 말입니다. 중국에서는 한(漢)나라 때에 음양설②과 함께 체계가 확립되기 시작하였으며, 한국에 전래된 것은 삼국시대 무렵인 것으로 추정되고 있습니다.

신라의 고승 도선(道詵, 827~898)은 그 이론을 한층 심화시켰다고 일컬어지고 있으며, 그는 "지리는 그 장소에 따라서 쇠·왕(衰·旺)과 순·역(順·逆)이 있다. 따라서 왕지와 순지를 골라서 거주해야 하며, 쇠지와 역지는 보완하지 않으면 안 된다"고 주장하였습니다. 즉 풍수설이란, 도성이나 사찰·주거·묘 등을 축조할 때에 그 자리의 산세(山勢)·지세(地勢)·수세(水勢) 등의 여러 조건에 의해서 그 곳에 자리잡는 사람들의 길흉화복 등의 운명이 정해지므로, 그 자리가 좋은 자리인지 아닌지를 판단하는 것입니다.

---

① 돌을 여러 겹으로 쌓아 만든 단(壇).
② 역(易)의 사상에 입각하여 사람의 운명을 음양이원(陰陽二元)의 소장(消長)으로 설명하는 이론이다. 이것은 또한 만물의 생성과 소멸은 목(木)·화(火)·금(金)·수(水)·토(土)의 변천으로 설명하려는 오행설과 결합하여 음양오행설로 발전하였다.

풍수설에는 동서남북을 가상한 사신(四神)동물이 등장하게 됩니다. 사신이란, 동의 청룡, 서의 백호, 남의 주작, 북의 현무를 말하는 것으로, 이들 사신을 상징하고 있는 지상(地相)을 갖추고 있는 곳이 길지(吉地) 혹은 명당(明堂)이라고 할 수 있습니다. 이러한 명당은 한국의 전통적 촌락의 입지조건인 배산임수(背山臨水)의 형태를 띠고 있다는 점에서도 풍수설은 자연스럽게 한민족의 삶에 뿌리를 내리게 되었습니다. 고려왕조의 왕건(王建, 재위:918~943)이 개성에 도읍을 정한 것도, 조선왕조의 이성계(李成桂, 재위:1392~1398)가 개성에서 한성으로 도읍을 옮긴 것도 결국 풍수지리설의 영향에 의한 것입니다.

남산은 풍수지리상 주산인 북악산의 좌청룡에 해당하며 지금은 서울의 중심부에 위치하고 있다.

이와 같이 풍수지리설은 자연과의 조화로운 삶을 추구한 한국인들의 전통적인 국토 인식 내지 사상과 잘 어우러진 것이라 하겠습니다. 이러한 사상은 오늘날에도 주택이나 묘지를 선택하는데 있어서 영향을 주고 있을 뿐만 아니라, "풍수인테리어"라는 말까지 생겨서 실내의 조명이나 가구의 배치 등에도 활용되고 있습니다.

单词

종교 다원화 宗教多元化	화엄종 华严宗
유교 儒教	강서선 江西禅
불교 佛教	조동선 曹洞禅
가톨릭 天主教	천태종 天台宗
개신교 新教	조계종 曹溪宗
천도교 天道教	실학운동 实学运动
원불교 圆佛教	사해동포 四海之内皆兄弟
대종교 大宗教	천부인 天符印
열반종 涅槃宗	풍수인테리어 风水室内装饰
계율종 戒律宗	

第六章 韩国历史散步

  오랜 역사가 흐르는 과정에서는 영광스러운 면도 있지만 치욕적인 면도 있을 수 있습니다. 한국은 지정학적으로 큰 나라 사이에 끼어 있어서 끊임없이 외세의 간섭을 받았으며 침공에 시달려 왔습니다. 그러나 한민족은 그러한 어려움을 슬기롭게 물리쳐 왔습니다. 이제는 세계에서 하나뿐인 민족적 분단을 극복하는데 절실한 기대를 걸고 있는 것입니다.

第十一课

> **思考题**
> - 一、古朝鲜指的是什么时期？
> - 二、檀君神话的内容是什么？
> - 三、佛教当时传到高句丽的状况是？
> - 四、广开土大王有什么政绩？

1 古朝鲜
고조선

　　한반도에 언제부터 사람이 살았는지에 대한 것은 확실히 알 수 없습니다. 그러나 유적에서 발견되는 돌도끼나 돌칼 등으로 봐서 대체적으로 기원전 30만년~40만년 경부터 인류가 살고 있었을 것으로 추정되고 있습니다. 그 후 기원전 2~3만년 경의 중기석기시대를 거쳐 기원전 5천년~8천년 경에 신석기 시대로 들어갑니다. 이 시대의 사람들은 어패류를 잡아먹고, 야생의 과일을 채집하는 수렵생활을 하고 있었던 것으로 보입니다.

　　신석기 시대 후기부터 농경생활이 시작되었으며, 음식을 저장하기 위한 토기를 만들기 시작했습니다. 기원전 3~4세기 경에는 금속기를 사용하게 되면서 청동기 시대를 맞이하게 됩니다.

　　이 시기의 또 다른 특징은 대동강·임진강·북한강 등의 상류지역을 중심으로 지석묘①가 많이 발견되고 있는 점입니다. 지석묘의 출현은 이 시기에 이르러 지배자와 피지배자의 관계가 형성되었음을 의미합니다. 길이가 8~9미터, 무게 수십톤의 개석(蓋石)을 얹고 있는 지석묘는 커다란 집단의 힘을 빌리지 않고는 만들 수 없기 때문입니

---

① 대동강·임진강·북한강의 상류지역을 중심으로 많이 분포하고 있으며, 이러한 지석묘는 B.C. 3세기 경까지 만들어진 것으로 추측되고 있다. 한편 낙동강·영산강·금강 유역 등에도 많이 분포하고 있는데, 이 가운데는 이른바 남방형 지석묘의 특징인 괴석(塊石)만을 두고 있는 것도 있다.

다.
 그러나 이 시대는 아직 국가라는 개념은 없었던 것으로 보여지며, 국가가 언제부터 형성되었는가에 대한 것도 아직 분명히 알려져 있지 않습니다. 다만 신화전설국가인 단군, 기자 조선과 실재했던 위만 조선을 고조선이라고 부르며, 국가의 시초로 생각하고 있습니다.
 즉 위만은 기준(箕準)왕으로부터 왕위를 찬탈하고 고조선을 세우게 됩니다. 위만 일족은 3대에 걸쳐서 80여년 간 왕위를 계승하였으나 결국 멸망하고 맙니다. 이렇게 고조선은 위만 조선의 멸망으로 끝나게 됩니다만, 이 때가 B.C. 108년이었습니다.
 그런데 위만을 연인(燕人)으로 볼 것인가 혹은 고조선인으로 볼 것인가 하는 데에는 학설상 대립이 있습니다만, 오늘날에는 대체적으로 고조선의 귀족 내지 고조선계 연인으로 보는 것이 일반적입니다.
 그리고 위만은 고조선왕의 왕위를 빼앗기는 했지만 그 국가를 계승하고 있으므로 고조선이라는 개념 속에서 취급되고 있습니다.

인천 지역의 지석묘

2 檀君神话
단군 신화

 《삼국유사》에서는 단군에 대해 다음과 같이 말하고 있습니다. '천신 환인의 아들 환웅은 인간세계를 다스리기 위해서 천부인(天符印)이라는 세 개의 인수를 가지고 풍백·우사·운사를 비롯한 3천의 부하를 이끌어 태백산 정상에 내려왔다.'
 여기에서 "천부인"이라 하는 것이 무엇인지 확실한 것은 알 수 없습니다. 다만 "인"이란 말로 미루어 환웅의 귀한 혈통을 나타내는 증표일 것으로 생각되고 있습니다. 그리고 "풍백·우사·운사"라고 하는 것은 지상에서의 농사에 관해 중요한 역할을 하는 기술자를 나타내는 것으로 생각됩니다. 이렇게 해서 환웅 일행은 아름다운 산들이 이어지는 한반도 중심부에 우뚝 솟은 태백산(지금의 묘향산) 정상에 있는 신단수 아래 강림해서 이 신성한 땅을 신시(神市)라 이름 붙였습니다. 그리고 그들은 풀에 덮힌 원야를 개척하고 씨앗을 뿌려서 농사를 짓게 됩니다. 환웅은 백성을 위해서 곡물을 관리하고, 병을 고쳐 목숨을 구하고, 백성에게 선악의 구별과 도덕을 가르치는 등 인간에 관한 360여의 사업을 관장해 나갔던 것입니다.
 이 무렵 신시에 가까운 태백산 부근의 동굴 속에 곰과 호랑이가 살고 있었습니다. 환웅의 위엄에 감화를 받은 곰과 호랑이는 어느 날 환웅에게 인간이 되기 위한 수행을 하고 싶다고 절실히 부탁을 하였습니다. 환웅은 그들의 절실한 염원을 들어줘서 인간이 되는 기회를 주기로 했습니다.

환웅은 "너희들이 정말로 인간이 되고 싶다면 이 쑥 한 다발과 마늘 20개를 먹어야 한다. 그리고 명심해야 할 것은 100일간 햇빛을 보지 말고 오직 수행에 전념하지 않으면 안된다."라고 명했습니다. 그러나 원래 마음 급한 호랑이는 이를 견디지 못해 도중에 포기해 버렸습니다. 호랑이는 인간이 되는데 실패하고 말았던 것입니다. 한편 곰은 인내로 수행을 끝내고 21일만에 아름다운 여자로 다시 태어났습니다.

그런데 인간이 된 웅녀는 매일 처럼 신단수 아래에서 "인간 최초의 남자 아이를 낳게 해주십시오"라고 계속 기도를 드렸습니다. 이 웅녀의 절실한 기도에 감동을 받은 환웅은 웅녀를 처로 맞이하여 사이좋은 부부가 되었습니다. 그리고 이들 부부 사이에서 단군이 태어났습니다.

단군은 아버지의 위업을 이어서 그 후 평양성을 도읍으로 정하고 왕검성(王儉城)이라 했으며 나라의 이름을 조선이라 했습니다. 단군은 그로부터 1,500년 동안에 걸쳐서 나라를 다스렸지만 주의 무왕이 기자(箕子)를 조선왕으로 봉했기 때문에 아사달①의 산신령이 되었다고 합니다.

이러한 신화가 얼마나 사실에 가까운지는 잘 알 수 없지만 이 이야기는 신석기 시대 말기부터 청동기 시대로 발전하는 시기에 계급의 변화가 일어나고 그에 따라 지배자가 등장하면서 그 전 시대와는 다른 새로운 사회질서가 형성된 과정을 의미하는 것으로 볼 수 있습니다.

한편 중국대륙에서는 전국시대 이후 혼란이 되풀이 되는 상황 속에서 많은 유민이 발생하여 대다수의 유민들이 고조선으로 들어오게 됩니다. 이들 가운데는 위만과 같은 세력가도 있었는데 후에 위만 조선을 세우게 되지만 기원전 108년 한무제에 의

강화도 마니산에서는 매년 10월 3일에 개천제를 거행하고 8선녀가 춤을 춘다.

---

① 단군이 하늘에서 강림하여 처음으로 도읍을 정했다는 토지의 이름이다.

해 멸망됩니다. 그 곳에 낙랑·임둔·현토·진번 등 이른바 한사군①이 설치되었지만 그 세력도 점차 약해져서 마침내 서기 313년에 낙랑군도 마지막으로 고구려에 의해서 멸망하게 됩니다.

3 高句丽的历史与文化
고구려의 역사와 문화

고구려는 기원전 37년경 부여출신의 주몽②에 의해서 건국되었다고 전해지고 있습니다. 전설에 의하면 그는 압록강 하신의 딸 유화가 태양빛에 의해 감정된 아이로, 알에서 태어났습니다. 고구려는 처음에 압록강 유역의 동가강 일대에 자리하고 있었지만 서기 427년경에 현재의 평양 땅으로 도읍을 옮겼습니다.

이즈음 고구려의 남부 즉, 한강유역 이남의 땅은 진한·변한·마한 등의 삼한에 의해서 점유되어 있었습니다. 삼한은 80여개에 가까운 소국으로 나뉘어져 있었으며, 쌀·보리·강낭콩 등을 재배하고 말·소·돼지·조류를 사육했으며 양잠도 하고 있었습니다. 그 중 변한에서는 철을 제조·생산하기 시작했는데, 철은 이 시대에 물물교환의 귀중한 품목으로 진한과 마한을 비롯한 중국, 일본까지 수출하였습니다.

고구려 역대 왕들 가운데에는 특히 제 17대 소수림왕(재위:371~383)과 제 19대 광개토대왕(재위:391~412) 및 그 다음의 장수왕(재위: 413~491)이 가장 잘 알려져 있습니다. 먼저 소수림왕은 372년에 진왕 부견(符堅)이 순도(順道)에게 불경과 경론을 가지고 보내자 고구려부터도 사신을 보내서 사의를 표하는 한편, 각지에 사원을 건립하고 태학③을 건설해서 불교와 함께 유교에 의한 교육도 실시해서 율령국가의 기초를 다졌습니다. 또 375년에는 초문사를 건립해서 순도로 하여금 주지를 맡게 하고, 다시 이불란사를 세워 역시 진에서 온 아도(阿道)에게 주지를 맡게 하는 등 불교의 보급에 힘을 기울였습니다.

광개토대왕은 영토를 크게 넓혀 고구려의 최전성기를 이룩한 사람으로 너무나도 유명합니다. 400년에는 연(燕)의 모용희(慕容熙)가 침입하였으며, 405년과 406년에도 몇 번에 걸쳐 연의 공격을 받았으나 그 때마다 이것을 물리쳐서 용맹을 떨쳤습니다. 또 400년에는 일본이 신라를 공격하자 보기병 5만을 보내어 신라를 도와서 일본의 침공을 막았습니다. 이렇게 해서 그는 재위 22년간 사방에 크게 영토를 넓혔습니

---

① 한(漢)의 무제(武帝)가 B.C. 108년에 위만 조선을 없애고 그 땅에 낙랑·임둔·현토·진번 등 4군을 두었다. 각 군에는 한의 군현제(郡縣制)에 따라 여러 속현이 설치되었다. 그 뒤 여러 가지 폐합을 되풀이하다가 고구려에 의해 병합되었다.
② 부여 왕 해모수의 아들. 어려서부터 총명하며 활을 잘 쏘았다. 대소(帶素) 등 다른 일곱 형제가 그의 재능을 시기하여 죽이려 하자 B.C. 37년에 졸본(卒本)으로 남하하여 고구려를 세웠다.
③ 소수림왕 2년(372) 전진(前秦)의 제도를 본떠 중앙에 설치한 교육기관으로, 상류계급의 자제들만 입학할 수 있는 귀족학교이자 국립학교였다.

다. 광개토대왕은 또한 그의 사후에 아들인 장수왕이 건립한 광개토대왕비①에 의해서도 널리 알려져 있습니다.

　장수왕은 즉위하자마자 부왕의 뜻을 이어서 진(晉)·송(宋)·위(魏) 등과도 친교를 맺고 472년에는 도읍지를 통구로부터 평양으로 옮겨서 남하정책을 강력히 추진했습니다. 그리고 475년에는 스스로 대군을 이끌고 백제의 수도 한성을 공략하고 개로왕을 죽음으로 몰았습니다. 또 480년에는 신라의 북변을 공격하여 고명성(孤鳴城) 등 7성을 점령했습니다. 이렇게 해서 영토는 크게 확장되었는데 남은 아산만으로부터 죽령까지 이르렀으며, 서북부는 요하로부터 남만주의 대부분에 아르러 고구려의 전성기를 구축했습니다. 그는 또한 종래의 부족제도를 새로운 지방제도인 오부(五部)로 편성하는 등 행정면에도 큰 업적을 남겼습니다.

광개토대왕비.

单 词

신석기 시대 新石器时代	청동기 시대 青铜器时代
수렵생활 狩猎生活	낙랑 乐浪
토기 陶器、土器	임둔 临屯
단군 조선 檀君朝鲜	현토 玄菟
기자 조선 箕子朝鲜	진번 真番
위만 조선 卫满朝鲜	주몽 朱蒙
삼국유사 三国遗事	진한 辰韩
환인 桓因	변한 弁韩
환웅 桓雄	마한 马韩
풍백 风神	소수림왕 小兽林王
우사 雨伯	광개토대왕 广开土大王
운사 云师	장수왕 长寿王
신단수 神壇树	초문사 肖门寺
웅녀 熊女	이불란사 伊弗兰寺
왕검성 王俭城	개로왕 盖卤王

---

① 중국 집안현 통구에 있는 광개토대왕의 업적비이다. 이 비석이 건립된 것은 왕의 사후 2년이 경과한 414년인데, 발견된 것은 1875년이다. 높이 6.27m나 되는 거대한 것이다. 여기에는 예서(隷書)로 1,775자의 글자가 새겨져 있는데 그 내용은 3부로 구성되어 있다. 1부는 왕의 출자와 경력 및 고구려의 건국설화와 왕의 업적 등이 기록되어 있다. 2부는 왕의 훈적(勳績)을 기록한 것으로 전체의 약 반을 차지하고 있다. 3부는 왕의 묘직이에 관한 기록으로 되어 있다. 그 가운데 특히 2부 비문의 해석에 관해서는 이진희 씨의 비문석회도포설 등도 있어서 여러 가지 논란이 이어지고 있다.

第十二课

思考题

- 一、百济是如何灭亡的?
- 二、伽倻脱解王的神话内容是?
- 三、统一新罗在历史上起到了什么作用?

4 百济的历史与文化
백제의 역사와 문화

　백제의 건국은 기원전 18년으로 생각 되고 있습니다. 전하는 바에 의하면 백제 왕족의 조상은 북방의 부여에서 온 것으로 고구려의 시조인 주몽의 아들 온조가 형 비류와 함께 한강의 서안으로 이주해와서 현재의 서울 일대에 나라를 세웠다고 합니다.

　백제에 불교가 전해진 것은 384년경이라 생각되고 있습니다. 당시 중국은 동진(東晋)시대였지만 승려들은 널리 문화교류를 하고 있었을 뿐만 아니라 여러 나라의 사정을 전달하는 역할도 하고 있었습니다.

　이 무렵 백제는 3세기 중엽에는 집권적 국가로서의 체제를 굳혀가고 있었습니다. 고이왕(古爾王, 재위:234~286)때에는 관제와 법령을 만들었으며, 그 후 4세기 후반 근초고왕(近肖古王, 재위:346~375)때에는 국토를 크게 확장하여 남쪽으로는 마한의 땅을 대부분 흡수하여 남해안까지 이르렀으며, 북으로는 고구려를 공략해서 고국원왕을 전사시키기로 했습니다. 그리고 이때에 부자상속에 의한 왕위 계승을 확장하여 박사 고흥(高興)으로 하여금 국사인 서기를 편찬시켰습니다.

　그 후 백제는 475년에 도읍을 남쪽의 웅진(현재의 공주)으로 옮기고, 이때부터 백제의 기반은 한강유역에서 금강유역으로 옮겨지게 되었습니다. 그러나 고구려와 신라 사이의 정치적 알력은 계속되었으며 백제는 대륙의 수와 당에 고구려와 신라에 대한 출병을 계속 요구했습니다. 그러나 그 외교적 노력은 성과를 거두지 못했을 뿐만 아니라 오히려 대륙세력의 개입을 초래 하는 결과가 되었습니다. 이러한 가운데 신라는 양면작전을 취해서 중국의 신왕조에 조공을 행하고 그 협공을 받은 고구려는 수나라에 굴복하고, 이어서 당과 신라의 공동작전은 백제에게도 중대한 결과를 미치게 되었습니다.

백제는 삼국 가운데서 특히 일본과의 교섭이 많았던 나라입니다. 그 가운데서도 특히 25대 무령왕(재위:501~523)은 일본에서 태어났다는 설도 있으며 왕위에 오르고 나서는 오경박사를 보내는 등 일본과의 친교에 노력했습니다. 그 아들인 성왕(재위:523~554)은 일본에 불교를 전한 사람으로 잘 알려져 있습니다. 성왕은 "지혜와 식견이 매우 우수하며 일을 처리하는 데 결단력이 있었다. 천도지리에도 밝고 그 이름이 사방으로 퍼졌다"라고《삼국사기》에 기록되어 있습니다. 그러나 그는 동맹관계를 무시해서 압력을 가해온 신라와의 관산성전투에서 패하고 마침내 죽음을 맞이하게 됩니다.

그러나 백제는 고구려와 협력해서 신라에 대한 강경책을 취하고 642년에는 구 가야지역을 1세기만에 탈환하는데 성공합니다. 그러나 당은 백제가 당의 요구를 거절한 것을 구실로 660년에 신라와 연합해서 백제의 수도 사비성(부여)을 공략하고 다시 옛서울 웅진성(공주)을 함락합니다. 의자왕과 태자 륭(隆)이 당의 포로로 연행된 후, 백제는 멸망하고 맙니다.

그러나 백제는 멸망 후에도 국가재흥의 마음이 강해서 당시 일본에 거주하고 있던 의자왕의 아들 풍장은 일본의 지원 아래 백제의 재흥을 꾀합니다. 이러한 백제를 돕기 위해 일본은 두 번에 걸쳐서 지원군을 파견했지만 신라와 당의 연합군에 의해서 패퇴당합니다.[①]

공주 송산리의 무령왕릉 내부.

이러한 가운데 신라는 당나라와 긴밀한 협조 하에 백제를 완전히 멸망시키고 이어 고구려 또한 668년에 멸망하게 됩니다. 이리하여 통일신라시대가 열리게 됩니다.

---

① 663년 기울어져 가는 백제를 구하기 위해 일본에서 군대를 파견했으나, 백촌강(금강) 전투에서 대패하였고, 결국 백제는 완전히 멸망하게 되었다. 일본에서는 이를 『백촌강의 전투』라 불리고 있다.

5 伽倻的历史与文化
가야의 역사와 문화

　　가야는 현재의 경상도 낙동강의 하류지역에 위치하여 6개의 작은 국가로 이루어져 있었으며, 일찍부터 연맹을 맺어 독자적 세력을 형성하고 있었습니다. 그 나라들은 여러 이름으로 불렸지만 후에 본가야로 발전한 가야국이 가장 유력했으며, 그 시조는 유명한 김수로왕이었습니다.

　　전설에 의하면 서기 42년 3월 여섯 개의 알이 보랏빛 끈으로 묶인 붉은 보자기에 싸여, 하늘에서 내려왔다고 합니다. 이 여섯 개의 알에서 김수로가 가장 처음으로 부화하여 가락국의 시조가 되었으며, 차례로 부화한 다섯 명도 주변에 각각의 나라를 세우고 왕이 되었습니다. 이것이 "육가야"의 건국설화입니다.

　　가야의 건국설화에는 그 밖에도 몇 가지의 재미있는 내용이 있는데 이것들은 모두 가야의 국제적 성격을 시사하고 있는 것으로 주목되고 있습니다. 후에 신라의 제4대 왕이 되는 탈해(脫解)의 이야기도 그 가운데의 하나입니다.

　　어느 날 수로왕 궁전 앞에 신장이 9척, 머리둘레 3척이나 되는 이상한 모습의 사람이 서서 큰 소리로 외쳤습니다. "나는 왕위를 받기 위해 온 탈해라 하는 사람이다. 얌전하게 왕위를 내놓든가, 그렇지 않으면 나와 힘 겨루기를 하든가……." 이에 대해서 수로왕은 엄숙히 다음과 같이 대답을 했습니다. "짐은 천명을 받고 왕위에 오른 사람이니라. 따라서 그대와 같이 오직 권세만을 탐하는 자에게는 이 나라와 백성의 운명을 맡길 수는 없느니라." 이렇게 해서 두 사람은 서로 힘겨루기를 하게 되었습니다.

　　먼저 탈해는 매가 되어 하늘 높이 날아올랐습니다. 이것을 본 수로왕은 곧 독수리가 되어 그 뒤를 쫓았습니다. 그러자 탈해는 참새로 변신했습니다. 수로는 즉각 송골매가 되어 꼬리를 물고 따라갔습니다. 이것은 순간적으로 일어난 일이었지만 탈해는 곧 자신보다 수로왕이 훨씬 뛰어남을 깨달았습니다.

　　이렇게 해서 탈해는 본래의 모습으로 돌아와서 수로의 훌륭한 변신술과 위엄 앞에 굴복하여 바다로 나오자 곧 배를 타고 가야땅을 뒤로 하고 신라로 향했습니다.

　　또 수로왕은 어느날 신하들에게 "오늘 황후가 도착할 것이다. 모두 가벼운 배 위에 잘 달리는 말을 태우고 남쪽 바다에 있는 망산도(望山島)로 가서 황후 일행을 정중히 맞이하도록 하라"라고 명했습니다.

　　신하들이 서둘러 그 곳에 가보니 서남방향으로부터 적색의 깃발을 휘날리며 가까이 오는 배가 보였고, 거기에는 단정하고 우아하며 기품이 넘치는 황후가 타고 있었습니다. 그 사람은 아유다국(인도에 있는 나라이름)의 허황옥이라 하는 열여섯살의 아름다운 공주님이었습니다. 수로왕은 그녀를 왕비로 맞이해서 나라를 잘 다스렸다고 합니다.

　　가야는 국제 간의 해상교통로로서 유리한 위치에 있었기 때문에 해상활동이 매우

경남 김해에 있는 김수로왕릉.

활발했습니다. 남쪽으로는 일본과 빈번한 교섭이 있었으며, 특히 발달된 제철기술로 만들어진 갑옷과 마구, 환두대도 등은 인기 있는 교역품이었습니다. 또한, 일본은 가야의 토기제작기술을 받아들여서 수혜기(須惠器)와 같은 양질의 토기를 생산하게 되었습니다.

가야는 일찍부터 예술이 발달하여 사람들은 음악과 춤을 즐겼다고 합니다. 12현으로 만들어진 가야금①도 그들이 발명한 것이며, 그 후 신라로 전해져서 한국의 주요한 전통악기로 발전했습니다. 그러나 백제와 신라의 중간에 위치하고 있던 가야는 양국의 각축에 의해서 정치적, 사회적으로 발전이 크게 저지되었고, 결국 신라의 강한 압력에 의해 신라에 흡수되고 말았습니다.

6 统一新罗的历史与文化
통일신라의 역사와 문화

전설에 의하면 신라의 시조 박혁거세는 양산(楊山) 기슭의 라정(蘿井)이란 우물가의 한 개의 알에서 태어났다고 합니다. 신라의 건국은 기원전 57년까지 거슬러 올라가지만 공식적인 나라의 이름이 정해지지 않은 상태였습니다. 서기 503년이 되어 군신들이 회의를 열고 "덕업(德業)이 나날이 새롭다(新)"라는 데서 "新"을 취하고, "사방을 망라(網羅)하다"에서 "羅"를 취해서 "신라"라는 국호를 정했다고 합니다.

한반도에 있어서 가장 긴 천년의 역사를 영위해 온 만큼 신라의 역사를 간단히 정리한다는 것은 그리 쉬운 일은 아니지만 일반적으로 ①원시부족기(B.C.57~356), ②씨족국가성립기(356~514), ③왕권확립기(514~654), ④왕권최성기(654~780), ⑤왕권쇠퇴기(780~953)의 5단계로 나눕니다. 이 가운데서 ④와 ⑤가 통일신라기에 해당합니다.

그리고 신라 역사 가운데서는 제23대 법흥왕(재위:514~540)과 다음의 진흥왕(재위:540~576) 시대가 신라왕조의 최전성기로서 그 영토는 지금의 함경남도까지 이르고 있습니다. 그리고 그 기세를 이어서 백제와 고구려를 흡수해서 통일을 완수한 제29대 무열왕과 그 다음의 문무왕의 시대도 주목할 필요가 있습니다. 이 시기에는

---

① 가야국의 가실왕(嘉實王)이 악사 우륵(于勒)을 시켜 처음으로 만들었다는 한국의 전통악기.

중앙의 관제가 정비되고 토지제도·군제·학술·문예 등 모든 면에 걸쳐서 괄목할 만한 발전을 이룩했습니다. 특히 신라의 미술이나 예술은 오늘날 경주 여기 저기의 왕릉이나 유적에서 발견되는 유품을 통해 잘 알수 있습니다.

신라에 불교가 뿌리내린 것도 이 시기였지만 이것이 신라 사회에 뿌리를 내리는데에는 많은 곡절이 있었습니다. "이차돈의 순교"로 알려져 있는 것도 그 가운데의 하나입니다. 이에 대해서는 앞에

경애왕이 이곳에서 연회를 베풀어 놀다가 죽음을 당한 포석정.

서도 잠시 언급이 되었지만 진(秦)의 아도(阿道)가 처음으로 불교를 전파했을 때 모든 조신들은 그 수용을 적극 반대했습니다. 오직 한 사람 이차돈만이 불교의 오묘한 진리를 받아들여야 된다고 주장했습니다. 결국 왕은 신하들의 반대를 막지 못하고 이차돈을 처형하게 되었습니다. 이차돈은 조용히 죽음에 임하면서 "저는 불법을 위해 형을 받는 것입니다. 부처님에게 만약 신령이 계신다면 내가 죽고 난 뒤에 반드시 이변이 일어날 것입니다"고 말하는 것이었습니다.

그가 참수를 당할 때, 상처에서 우유빛의 하얀 피가 나왔으며 하늘이 컴컴해지고 꽃비가 내렸다고 합니다. 이러한 이차돈의 순교로 신라에서는 법흥왕 시대에 이르러 불교가 공인될 수 있었던 것입니다.

신라는 신분제도가 엄밀히 정해져 있었습니다. 골품제도라 불리는 것이 바로 그것입니다. 여기에서 "골(骨)·품(品)"이라 하는 것은 요컨대 혈통에 의해서 정해진 사회적 신분제도라 말할 수 있습니다. 즉 왕족에게는 성골(聖骨)과 진골(眞骨)이 있으며, 귀족들에게는 6두품(頭品)에서부터 4두품까지, 그리고 평민에게는 3두품에서 1두품까지 있었으나, 천민들은 여기에서 제외되고 있었습니다. 그리고 신라의 이 골품제도는 일본의 씨성제도에도 영향을 끼친 것으로 평가되고 있습니다.

신라는 골품제도를 실시하면서부터 중앙의 귀족들은 지방의 민심에 거의 관심을 보이지 않게 되었습니다. 그리고 지방에 소란이 일어나도 거기에 대응할 수 있는 수단을 가지고 있지 않았습니다. 그래서 신라왕족 및 귀족은 견훤이 경애왕[1]을 살해해도 아무런 대응을 할 수가 없었습니다. 이렇게 해서 953년 10월, 경순왕은 고려에 귀순할 것을 결정했고, 신라 천년의 영화는 그렇게 덧없이 사라져 버렸습니다.

---

[1] 신라 55대 왕으로, 신라 말 혼란기에 즉위하여 왕건(王建), 견훤(甄萱) 등의 강대한 세력에 눌려 국왕다운 위엄을 떨치지 못했다. 927년 포석정(鮑石亭)에서 연회를 하다가 견훤의 습격을 받고 자살하였다.

单 词

웅진 熊津
무령왕 武宁王
성왕 圣王
관산성전투 管山城之战
사비성 泗沘城
의자왕 义慈王
본가야 本伽倻
김수로왕 金首露王
가락국 驾洛国
육가야 六伽倻
아유타국 阿踰陀国
토기제작기술 陶器制作技术

가야금 伽倻琴
신라 新罗
박혁거세 朴赫居世
법흥왕 法兴王
진흥왕 真兴王
무열왕 武烈王
문무왕 文武王
골품제도 骨品制度
씨성제도 姓氏制度
경애왕 景哀王
경순왕 敬顺王

第十三课

思考题

- 一、高丽青瓷与朝鲜白瓷的特点分别是?
- 二、高丽王朝与蒙古的关系是怎样的?
- 三、韩字发明于哪一年?
- 四、日本对朝鲜几次大的侵略依次是?

7 高丽时代与国际关系
고려시대와 국제관계

　고려의 태조 왕건은 왕위에 오른 후 왕권을 강화하기 위한 여러 가지 정책을 실시하였습니다. 우선 세금의 부담을 줄여 민심을 안정시켰고, 불교를 숭상했으며, 고구려를 잇기 위한 북진정책을 펼치기도 했습니다. 그리고 지방 호족 세력들을 자신의 편으로 만들기 위해 호족들의 딸과 결혼을 하는 혼인 정책을 펼쳐 신라의 마지막 왕인 경순왕의 사촌을 왕후로 맞이하기도 하였습니다.

　이러한 정책들을 펼친 결과 강력한 중앙집권국가가 될 수 있었던 고려는 나라의 모든 권한을 왕실에 집중시켰습니다. 신분제도는 양인과 천인의 두 계층으로 나뉘어 있었으며, 양인 중 중간계층의 일부가 궁인이나 관직에 오르는 일도 있었으나 고려사회는 어디까지나 귀족사회였습니다.

　고려사회의 불교계는 사원의 가장 높은 직책을 귀족들이 점하고 있었으며 그 결과 대사원은 중앙권력에 대해서 일정한 독립성을 가지고 조세면제의 특권까지 가지고 있었습니다.

　고려시대의 예술이라 하면 무엇보다 고려청자를 들수 있을 것입니다. 그것은 불교의 영향을 크게 받은 것으로 선도(禪道)와 의례(儀禮)의 두 가지 정신이 잘 조화된 것이 많습니다. 이것은 중국이나 일본에까지 그 이름이 잘 알려져 있었습니다.

　그런데 고려청자는 상감장식이 있느냐 없느냐에 따라서 크게 두 종류로 나눌 수 있을 것입니다. 먼저 상감되어 있지 않는 것은 12세기 전반기 까지의 것으로 송의 청자를 모방해서 만든 것입니다. 이에 반해서 흑이나 청의 상감 장식이 있는 것은 12세기의 후반 이후 고려의 도공들에 의해서 만들어진 것으로 생각할 수 있습니다.

이 시대의 도자기에는 항아리 외에 향로·접시·작은 병·술잔 등이 많습니다. 또 장식용 도자기도 있어서 그 형태는 거북·용·원숭이·거위·기러기·물고기 등 여러 가지 동물을 형상화한 것이 많으며, 그 밖에 표주박·백련·죽순 등 식물을 형상화한 것 등 그 종류는 실로 다양합니다.

이는 불교 숭상 정책에 의해 매우 활성화되어 있었으며, 불교가 한국 역사상 가장 화려하게 꽃핀 시기라 할 수 있습니다. 고려청자는 이웃 중국이나 일본에까지 잘 알려져 있습니다.

고려시대의 국제관계는 대륙과의 끊임없는 투쟁이었습니다. 거란족의 침입을 받기도 하고, 여진족을 정벌하기도 했습니다. 그 중에서도 13세기 초부터의 몽골의 침입은 고려사회의 근간을 흔드는 것이었습니다. 즉 몽골은 1225년에 그들의 사신이 고려에서 암살된 것을 계기로 삼아 1231년에 개성에 쳐들어왔습니다.그리고 몽골군은 여러 차례 침략을 되풀이 하였지만 고려왕조는 효과적인 대응을 할 수 없었습니다. 그때마다 강화도로 피난하고 태자를 인질로 보내기도 했습니다. 그리고 마침내는 강화도에 만들어진 성새(城塞)를 철거하는 등 완전히 몽골의 지배하에 놓이게 되었습니다.

그리고 이러한 굴욕을 참지못하고 삼별초군①이 왕권에 대해서 반란을 일으키게 됩니다. 반란군은 진도와 제주도에서 관군과 대결했는데 고려조정은 자력으로 이것을 진압할 수 없어서 몽골군에게 그 토벌을 의뢰합니다. 이 때부터 고려왕조는 몽골이 시키는대로 정책을 집행하지 않을 수 없게 됩니다. 그 결과 몽골의 원나라는 고려왕조에게 배와 병사를 동원시켜 1274년과 1281년, 두 번에 걸쳐서 일본 정벌에 나섰지만 일본의 완강한 저항과 태풍을 만나서 원정에는 실패했습니다.②

1369년 중국에서는 신왕조인 명이 출현했습니다. 명은 고려에게 몽골군이 점령하고 있던 지역을 계속해서 지배하겠다고 위압을 가해왔습니다. 고려는 명의 이러한 야망을 분쇄하기 위해 이성계를 지휘관으로 해서 원정군을 요동 지방으로 파견합니다. 그러나 그는 위화도로부터 군을 되돌려서 고려왕조를 폐하고 스스로 왕위에 올랐습니다. 이렇게 해서 918년에 왕건이 무력에 의해서 세운 고려는 1392년에 또 무력에 의해서 멸망하게 되었습니다.

---

① "별초"라고 하는 것은 "용감한 무사들에 의해서 조직된 선발군"이라는 의미로, 최우(崔瑀)가 도적을 막기 위해서 조직한 "야별초(夜別抄)"가 그 시작이라 한다. "좌별초"·"우별초"·"신의군(神義軍)"의 셋으로 조직된 데에서 "삼별초"라 불렸지만, 최씨 정권의 몰락과 더불어 해체되었다.
② 1274년에는 원과 고려의 연합군이 그리고 1281년에는 원과 고려 및 남송의 연합군이 일본을 공격했다. 그러나 일본군의 완강한 응전과 때마침 폭풍을 만나 침공은 실패로 돌아갔다.

8 朝鲜时代与对日关系
조선시대와 대일관계

이성계는 1393년에 조선을 세우고 다음해에 수도를 개성에서 한양으로 옮겼으며 곧 행정기구의 개편에 착수합니다.

조선시대의 사회 체계는 왕족과 그 친족을 제외하면 양반·양인·천인으로 구성되었고, 관리가 되기 위해서는 원칙적으로 과거시험에 합격해야만 했습니다. 불승은 조선시대 초기에도 여전히 중요한 지위를 차지하고 있었지만 유교도덕의 보급에 열의를 나타내기 시작한 조정은 사원의 경제력에 제한을 가하고, 많은 불승들의 부당한 행위나 단정치 못한 품행을 억제하였기 때문에 그들의 영향력은 점차 약해져 갔습니다.

조선시대의 획기적인 업적 가운데 하나로 1446년 한글의 발명이 있습니다. 한글은 세종(재위:1418~1450)의 훈령에 의해 만들어졌으며, '백성을 가르치는 바른 소리'라는 뜻으로 "훈민정음"이라 이름 붙여졌습니다. 한글이 만들어짐으로써 조선어를 음절마다 문자화하는 것이 가능해졌으며, 그 때까지 사용하던 이두①체계에 의지하지 않아도 되게 되었습니다.

제도(製陶)술은 이미 고려시대에 비약적인 발전을 했지만 조선시대에 이르러서는 특히 청자보다도 부조 모양의 백자를 선호하였습니다. 라전상감의 칠공예도 비약적인 발전을 합니다.

한편, 이 시대의 국제관계에서는 임진왜란·정유왜란②이 가장 큰 사건이었습니다. 도요토미 히데요시(豊臣秀吉)는 전국(戰國)의 쟁란 가운데서 일본전토를 통일하자 1591년에 명나라 공략을 위해서 조선을 통과하겠다는 의향을 전해 왔습니다. 조선왕조가 이를 거부하자 그는 1592년과 1597년 두 번에 걸쳐 30만의 원정군을 침공시켰습니다.

이 침략에 의해서 조선은 초토화되어 버렸습니다. 경지는 3분의 1로 감소되고, 사상자는 헤아릴 수 없는 정도였습니다. 침략군은 또 다수의 조선 도공들을 강제로 일본으로 끌고 갔습니다. 이들 도공들은 대부분 규슈(九州) 각지에 거주하게 되었습니다. 그들은 포로신분이라는 고통속에서도 나름대로의 공동체를 구성했습니다. 그리고 그 자손들은 오늘날까지 4백년 이상에 걸쳐서 조상전래의 기능을 이어오고 있습니다.

일본의 침략군은 명의 원군과 조선군 그리고 전국적 규모로 일어선 의병들의 항거로 물러났습니다. 그 동안 수군의 이순신(李舜臣)은 거북선③을 고안해서 일본 함대에 치명적인 타격을 주었습니다.

---

① 한자의 음과 뜻을 빌려서 한국말을 표기하는 형식. 신라의 설총이 처음 지었다고 하지만 확실하지 않다.
② 1592년부터 1598년에 이르는 7년에 걸친 일본의 침략전쟁. 2차에 걸쳐 30만 대군이 한반도를 완전히 폐허로 만들었으며 수십만 명의 사람이 죽었다.
③ 임진왜란 때 이순신 장군이 만든 철갑선이다. 옥포·당포·한산도·부산·명량·노량 등 해전에서 크게 활약했다.

조선시대 역대 제왕과 왕후 및 비의 제사인 종묘대제의 모습.

그러나 임진·정유 왜란이 끝나고 나서 도쿠가와(德川)시대가 되면서 조선과 일본은 매우 우호적인 관계가 이어졌습니다. 이른바 조선통신사의 내왕이 그것을 나타내고 있습니다. 1607년부터 1811년까지 12회의 조선통신사가 일본으로 건너갔으며 이것은 조선과 일본의 문화 교류에 큰 역할을 담당했습니다. 조선시대 후기는 근대사회를 지향하기 위한 움직임들이 나타나지만 계속되는 경제부진과 끊임없는 정치적 분쟁, 인접국으로부터의 위협으로 위기 상황이 찾아왔습니다. 이에 1884년 10월경 김옥균(金玉均)·박영효(樸泳孝) 등의 쿠데타①와 동학혁명(1894)② 그리고 청일전쟁(1894~1895)과 러일전쟁(1903~1905)을 통해서 조선반도는 완전히 일본의 독무대가 되어 버렸습니다. 이렇게 해서 유력한 지원이 없어져 버린 조선은 마침내 1910년에 일본에 병합되고 말았습니다.

单词

북진정책 北进政策	위화도 威化岛
양인 良民	과거시험 科举考试
천인 贱民	불승 佛僧
조세면제 免除赋税	한글 韩字
고려청자 高丽青瓷	세종 世宗
상감장식 象嵌装饰	훈민정음 训民正音
거란족 契丹族	임진왜란 壬辰倭乱
여진족 女真族	조선통신사 朝鲜通信使
몽골 蒙古	청일전쟁 甲午中日战争
강화도 江华岛	러일전쟁 日俄战争
이성계 李成桂	

---

① 1884년 김옥균과 박영효 등 개화당 일파가 일으킨 갑신정변을 말한다. 결국 쿠데타는 3일만에 실패로 돌아가고 김옥균 일당은 일본으로 망명했다가 후에 중국에서 피살되었다.

② 1894년에 동학교도가 중심이 되어 일으킨 농민혁명이다. 전라도 고부(古阜) 군수 조병갑의 악정에 항거하여 전봉준을 선두로 봉기했는데 이것이 전국에 파급되었다. 결국 조정은 스스로 이 항쟁을 막지 못하고 청과 일본이 개입하게 되었는데 이것이 곧 청일전쟁의 도화선이 되었다.

附录一　课文译文

第一章　韩国的自然与季节

> 朝鲜半岛①的地形山地多于平原，占全岛面积的66%。
> 尤其是北部地区与南部相比山地较多，地下资源丰富。
> 南部比北部平原多，盛产大米等多种农作物。
> 从前朝鲜半岛就由于山川秀丽而被称为"锦绣江山"，今天却由于产业化的实现，引发了很多新的环境问题。

第一课

1. 韩国的自然

　　朝鲜半岛的自然环境可分为北部、中部、南部三大区块。首先，北部有以长白山为主峰的长白山脉及鸭绿江、图们江等大江；有"半岛屋脊"之称的盖马高原及其周围海拔2,000米以上的山地沿着东海岸方向盘旋而下。盖马高原沿着长白山的东西走向展开，地势约高1,000米~2,000米。盖马高原的橡树、枹栎、松树等山林资源丰富，是朝鲜主要的木材生产地。另外，还埋藏着丰富的铜、铁、金、镁等地下资源。

　　中部的太白山脉像脊骨一样，是半岛东部与西部的分水岭，绵延着以名山金刚山为首的美丽山川。这些山在悠久的岁月中经历了侵蚀与风化作用，山势较低，称之为山脉有些不妥。但怪石与绝壁林立，形成了秀丽的景色。

　　南部以小白山为中心，面向西海与南海，分布着绵长的大江与宽广的平原。最具代表性的平原是有"韩国粮仓"美称的万顷江与东津江流域的湖南平原以及荣山江流域的罗州平原。其中，湖南平原位于全罗北道的西半部，是韩国最大的平原。东西约长50公里，南北约达80公里，东津江流域的部分叫做金堤平原，万顷江流域的部分叫做万顷平原。

　　朝鲜半岛全部面积的66%以上是山地，而且西海岸与南海岸曲折复杂，分布着无数的岛屿，形成了优美的景观。这些疆土被古代的韩国人称为"锦绣江山"，并以此为荣。锦绣河山的含义是"好像绣在绸缎上的美丽山河"，这里也很好地表现了韩国人无限热爱大自然的内心。

　　但遗憾的是，目前南北分属于不同国名的两个国家，朝鲜半岛处于分裂状态。半岛人民正苦待着尽快结束这悲剧的那一天。

　　韩国的风景名胜区可分为两大类。一类是国立公园等受法律保护的地区，另一类是不受法律保护的地区。前者的动植物、地质等自然环境根据法律的规定管理状况良好；但后者有很多以各种开发的名义公然破坏自然环境的情况发生，迫切要求制订相应的对策。

2. 韩国的四季及岁时风俗（一）（春、夏）

　　韩国的春、夏、秋、冬四季分明。悠久的历史长河中作为农业国家的韩国，在四季更替时自然而然地形成了许多民俗活动。尽管民俗活动中也有后来政府或官厅制定的纪念日等类似的情况，但此处主要讲的是前者。

　　这些民俗不仅包含了朝鲜民族的历史与传统，同时也渗透着祖先们的悲欢。而且更重要的是，这些

---

① "한반도"是韩国方面的说法，我国称为"朝鲜半岛（조선반도）"，"한인족"亦同。此外，"북한"是韩国方面对"朝鲜（조선）"的称法。（译者注）

民俗活动不仅仅是单纯的历史遗产,今天同样也存在于韩国人的日常生活中。在迅速变化的现实中,春节或正月十五等民俗活动依然深深植根于韩国人的生活中。另外,巫师①、算命先生或风水先生②等仍然给韩国人的生活施与了不少影响。以下内容是对各个季节及主要岁时风俗的说明。

春

气象学上将3月、4月及5月这三个月称为春季。但实际上的春季可以从二月末田野中的树木发出新芽算起,一直持续到4月末。

到了这个时期,冬季一度扩张的寒冷的西伯利亚高气压变弱,起源于长江流域的、温暖的移动性高气压通过朝鲜半岛。随之而来的是气温逐渐上升、出现晴朗及风和日丽的天气,田野及山上的花朵开放、农作物被播种。但早春时节变弱的西伯利亚气团重新变得强势时,可能遭遇春寒料峭的寒冷。

由于春季多数空气是干燥的,所以常会发生山火。一直东进的移动性高气压后面,低气压跟随而至的话也会造成阴天及春雨天气。另外,从大陆刮来的沙尘暴也给空气造成了严重的污染。春季有如下的岁时风俗。

立春

一年的节气③中,将每年的开始叫做立春。立春是阳历的2月4日左右,阴历有在12月的情况,偶尔也会在1月或2月。立春,顾名思义是"春季的开端",也代表着新的一年的开始。

在韩国,立春时会写很多带有祈福含义的句子,如"立春大吉,建阳多庆"、"国泰民安,家给人足"、"扫地黄金出,开门万福来"、"父母千年寿,子孙万代荣"等,以"入"字形贴在大门、门柱或天花板上。

寒食

从冬至算起的第105天称为寒食。偶尔在阴历的3月末,但一般都在2月。在韩国,寒食时人们去祖先的坟墓举行祭祀。还要修理损毁的祖坟或重新铺草,这叫做"改莎草"。

在寒食时,人们有不吃热饭而吃冷饭的风俗,这既有在风势强劲的时期小心用火的含义,也有如下的由来。

传说晋国的忠臣介子推因受奸臣的诽谤与陷害而躲进了锦山。爱惜介子推的晋文公得知了他的忠心,就去山上找他,为了让介子推现身而下令放火烧山。但介子推始终没有出现,最终被烧死在山上。晋文公重耳遭遇国难在外逃亡时,因缺粮而饥饿难行,介子推曾毅然割下大腿上的肉煮汤给他喝。后世的人们为了纪念介子推的忠诚,慰劳他的灵魂,开始在这一天吃冷饭,并将这一天称为"寒食"。

四月初八

阴历四月初八是佛祖释迦牟尼的诞辰,也称为"浴佛日"。这一天,佛教徒会去寺庙点燃庆祝释迦诞辰的燃灯,并奉上佛供。在四月初八的前几天家庭或寺庙里会制作很多燃灯,偶尔也会购买商店里卖的灯。一般家庭在自己动手制作时,会依照家中的人口数来制作相应数量的燃灯。

这种风俗起源于新罗时代,但目前主要围绕寺刹为中心具体实施。(人们)会在院子中立起灯竿,长竿顶端插上雄鸡尾部的羽毛,用染了色的漂亮绸缎做成旗帜,这叫做"呼旗"。然后在呼旗上绑上绳子,绳子上再绑上制作好的灯。这一天,佛教徒会在各个寺刹聚集,举行庄严的纪念活动。之所以叫做"浴佛日",是因为给诞生佛沐浴也是活动之一。相传,释迦牟尼一出生便直立行走了七步,并说"天上天下,惟我独尊",此时帝释天降圣水令其沐浴。于是后世流传下来,在四月初八这天用甘茶给诞生佛洗浴。同时,很多佛教徒还会制作多种装饰品,参加市内的提灯游行。

---

① 在巫俗中起到连接神灵和人类的中介作用,可通过巫术来占卜人类的吉凶。
② 也称为"地官",可根据风水说帮人确定住宅、坟墓或寺庙的地址。
③ 将一个回归年分为24个节气来表示各个季节。二十四节气即立春、雨水、惊蛰、春分、清明、谷雨、立夏、小满、芒种、夏至、小暑、大暑、立秋、处暑、白露、秋分、寒露、霜降、立冬、小雪、大雪、冬至、小寒、大寒(参考附录二、三)。

夏

韩国的夏季可分为梅雨期与酷暑期两大部分。初夏过后到了6月下旬,寒冷潮湿的鄂霍次克海气团与高温多湿的北太平洋气团相遇,造成东西纵向发达的梅雨锋面北上,降雨量很大。由于梅雨季大都是阴湿的天气,日温差较小,使得人们的不快指数非常高。但梅雨锋面停止北上或迅速通过朝鲜半岛时,也会造成降水量减少、用水不足的情况。

过了7月中旬,梅雨锋面继续北上到达中国东北地区,整个朝鲜半岛笼罩在北太平洋高气压圈的影响下。此时会形成南高北低的气压分布,并进入酷暑期。天气晴朗酷热,夜晚的热带夜现象持续,局部地区产生强烈的上升气流,经常下雷阵雨。从酷暑期到初秋,台风大概会通过半岛两到三次,有时会引起风灾与水灾。

为了度过盛夏的酷热天气,韩国人的传统生活习惯是穿粗麻、苎麻的衣服,喜欢吃用盐或酱油腌制的食品。另外,目前韩国的政府部门或公司实行的是一周五天工作制。夏季休假时,人们多选择去度假村休养。这个季节的岁时风俗如下。

端午

5月5日端午节是起源于中国、经由韩国传到日本的风俗,也叫做"天中节"、"重午节"或"端阳"。原来是祈愿农业丰收的祭祀日,现在已经变成了农村的庆典。每个家庭都会制作山牛蒡糕等美味的食品。

韩国在端午节这天的活动是男子摔跤,女子荡秋千。另外据说用煮菖蒲的水洗头会使头发润泽,所以女孩子们洗头也是端午节的活动之一。

流头日

阴历6月15日叫做流头日。"流头"是起源于新罗时代的风俗,带有避邪含义。"在向东流淌的清澈河川里洗头沐浴"缩写为"东流头沐浴"。人们怀着纯净的心灵度过这一天。他们相信这样就可以将不吉利的事情洗掉,平安度过夏天而不会中暑。这一天,人们携带做好的酒食到溪流或水源地沐浴,浴后会宴,称为"流头宴"。

由于这个季节是新水果成熟的季节,人们将收获的西瓜或香瓜等做成面条或糕点,摆在祠堂里进行祭祀,这叫做"流头荐新"。人们相信流头日吃面条就不会中暑,而且会长寿。

三伏

历法上从夏至(阳历6月21日左右)开始的第三个庚日(天干中的第七个字)为初伏,第四个庚日为中伏,立秋后(阳历8月8日—9日)第一个庚日为末伏。这些总称三伏,大概要经过一个月的时间。

这是一年中最热的时期,此时很多人为了避暑而去名山或溪谷中休养。韩国人喜欢吃的是参鸡汤与狗肉。将鸡的腹部剖开,放入人参、大枣、糯米等材料后煮熟,参鸡汤是男女老少都喜欢的代表性的夏季保养食品。除了参鸡汤之外,还有很多吃狗肉的人,人们认为吃狗肉可以祛除邪气、预防疾病,所以狗肉汤也叫做"保身汤"。在韩国的谚语中,"施加严重的暴力"被称作是"好像伏天打狗一样",说明这一时期是"狗的受难期"。对于食用狗肉这件事情,动物保护者们也提出了很多异议。

在韩国某些地方,人们在这个时候还会吃放入了糯米团的红豆粥。因为红豆粥被认为是可以驱鬼的食品。

七夕

阴历七月七日称作"七夕"。从前,这一天的夜晚少女们会向织女星祈祷让自己擅长女红,读书的少年则会以七夕为素材吟诗作对。少年少女们之所以这么崇尚与恭敬牵牛星与织女星,是因为有如下的哀婉传说。

虽然牛郎与织女被分离在银河的东西两侧,但他们是彼此相爱的一对。但由于银河上没有桥梁,他们也无法见面。得知了牛郎与织女的凄婉爱情之后,每年的七夕夜里,地上的乌鸦与喜鹊就会飞到空中在银河上架起玉鹊桥。这样牛郎与织女才能一年见上一面,但在鸡鸣东方发白之前就不得不分开,牛郎与织女必须在一年内织布耕地,忍受着相思的煎熬。

第二课

3. 韩国的四季及岁时风俗(二)(秋、冬)

秋

8月下旬一过,北太平洋气团变弱,一度北上的梅雨锋面南下,会出现初秋2~3天的短暂梅雨天。此后受到源自西伯利亚的移动性高气压影响,晴朗凉爽的天气持续,相当秋高气爽。气象学上将阳历的9月、10月及11月三个月称为秋季。这是一个收获的季节,充足的光照给农作物的果实带来了丰收。所以许多韩国人将秋季称为"天高马肥"的季节或"结实"的季节,秋季成为最受韩国人喜爱的季节。到了晚秋时,由于移动性低气压的通过,秋雨连绵不断,气温急剧下降,逐渐进入冬季。

说到韩国的秋天,不得不提到各处名山上的枫叶。因红叶而出名的山有内藏山、智异山、雪岳山等,但最值得一看的还是雪岳山。"岩石像雪一样雪白,所以得名雪岳山",秋季整座山上覆盖着火红灿烂的枫叶,与奇岩怪石的黑白纹理相映成辉,形成绝景。最近金刚山①旅游区对外开放,人们也能够欣赏到金刚山的风景了。这个时期的岁时风俗有最大的民族节日——秋夕。

秋夕

阴历八月十五的"秋夕"与"春节"一样,是一年中最大的节日。这一天又叫做"仲秋节"、"嘉俳日"或"中秋",是欣赏仲秋月圆的庆典之日。

秋夕的由来可以追溯到新罗的第三代王——儒理王时代。据说儒理王为了奖励百姓织麻,将徐罗伐(新罗王都)的妇女分为东西两方,到了每年的八月十五,评判哪一方织的麻更多。输的一方要拿出美酒与食物,并载歌载舞地为胜方祝贺。这一天,各地官吏也会全部出动,提供丰盛的食物并观赏歌舞。在徐罗伐将这一天取"宫中的庆贺活动"之意称为"嘉俳",此后演变为"中秋",并一直延续到今天。

今日秋夕的主要活动是做松糕②,用干了一年农活种植的新谷与多种水果为祖先进行祭祀。另外,不同的地方还会开展多种不同的民俗活动,平日为了生计而不在一起生活的家人会全部回到家乡,与春节时相似,回家省亲的车堵塞了高速公路,火车票或飞机票也会很快售罄。这种情况被称为"民族大移动"。

冬

冬季亚洲大陆内部的西伯利亚高气压发展壮大,形成北太平洋上的低气压及西高东低的气压分布格局。因此吹来寒冷干燥的西北季风,形成大部分晴朗寒冷的天气。尤其随着西伯利亚高气压周期性的发展及衰退,造成3~4天全国性的寒冷之后出现3~4天气温回升的循环。韩国人称之为"三寒四温"。

因为冬季如此寒冷,韩国的村落或房子构造多为"背山临水③"的形式,韩国人偏爱南向朝阳的房子。到了这个季节,韩国人会感到棉衣及热炕的重要性,主妇们则会忙着腌制越冬泡菜④。

---

① 位于长白山脉北部、横跨江原道(朝鲜)金刚郡、高城郡、通川郡的群山。金刚山各个季节的美景不同,名称也各不同。春季名为金刚山、夏季名为蓬莱山、秋季名为枫岳山、冬季被称为皆骨山。1998年9月,南北分裂50余年后,金刚山旅游区开始向韩国开放。韩国游客可以超过三八线,乘船从东海港到达朝鲜的长田港,游览外金刚的温井里地区。目前陆路旅游也得到了许可,已开放的有九龙渊、万物相及三日浦·海金刚三条旅游路线。

② 代表性的秋夕食品。相传松糕做得漂亮才能嫁个好婆家,女性都对松糕精心制作,并印上漂亮的手印。在半月形的松糕内放入蜂蜜、栗子、芝麻、大豆等材料,使其味美可口。如果在松糕上铺上松叶,可以享受到嗅觉的香气与视觉上的美观。

③ 认为修建村落或房子时以北面的山为背景,前临江河或湖水是最好的位置。

④ 越冬泡菜作为使蔬菜可以度过3~4个月严冬时节的储藏办法,是韩国晚秋时分举行的、独特的重要活动。此时腌制的泡菜一般称为越冬泡菜。

最近随着生活水平的提高,韩国享受各种运动的人也日益增多。尤其滑雪是非常受欢迎的冬季运动,首尔近郊的龙平滑雪场等韩国的各个滑雪场充满了享受冬季活动的人们。此外,最近几年东南亚国家的游客在冬季常来韩国的滑雪场游玩。这个季节的岁时风俗有冬至、与中秋相当的节日春节及正月十五。

冬至

节气上冬至位于阴历11月(阳历12月21日—23日左右)。冬至又叫"亚岁"或"小年",这是因为从前将冬至当作"春节"的缘故,至今民间还有"吃了冬至的红豆粥又长一岁"的说法。冬至在节气上与夏至相对应,夏至是白天最长夜晚最短的一天,相反冬至是夜晚最长白天最短的一天。从韩国将11月称为"冬至月"也可以看出,冬至是一年中最被重视的节气。

在冬至这一天,人们相信将带有咒语性质的"蛇"字倒贴在门上能够驱鬼。而且普遍认为这一天暖和的话第二年会流行传染病死很多人,相反这一天下大雪异常寒冷时第二年会是丰收年。

至今仍有很多家庭会在冬至熬红豆粥喝。人们相信红豆粥能够起到避祸的咒符效果,这源于古代中国的影响。相传,中国古代有一位叫共工氏的人,他的儿子作恶多端,死于冬至这一天,死后变成疫鬼,继续残害百姓。但是,这个疫鬼最怕红豆,于是,人们就在冬至这一天煮吃红豆粥,用以驱避疫鬼,防灾祛病。

春节

日历上一年的开始是阳历的1月1日。但在韩国把阴历的正月初一叫做春节(旧正),并当做一年中最大的节日。春节前一天,也就是腊月三十,孩子们换上叫做"新年服装①"的漂亮衣服,大人们会在这一天夜晚向家中的长辈行礼,感谢他们这一年平安度过,叫做"过岁"。这是由于新的一年开始时会非常忙碌,所以有提前给长辈拜年的习惯。

另外相传除夕下雪会出现丰收年,这天夜里睡着的话眼眉会变白,所以将房间及院子里的灯都打开着。此时,一家人会聚在一起玩尤茨游戏,或给孩子讲述从前的故事,迎接第二天的到来,这叫做"守岁"。

春节早上人们会早起洗漱、平静心神然后迎接新年。整个家族会聚在一起给祖先行礼,这叫做"祭礼"。祭礼结束后,会带着祝福长辈健康长寿的心意向长辈"拜年",一家人之间也会互赠新年的问候。拜年时,长辈会说很多有教训意义的话,这叫做"德谈②"。

春节时会去祖先的墓地扫墓,也会吃年糕汤并饮屠苏酒③。人们相信喝了屠苏酒,就能不生病健康地度过这一整年。如今也将屠苏酒当做普通的祭酒饮用。

春节一家人聚在一起玩尤茨游戏,或男子放风筝,女子玩跳跳板。有些地方也会用带有驱除恶鬼、祈愿丰收含义的踩地神、假面舞、插秧游戏等来欢度春节。

正月十五

阴历1月15日叫做元宵节,从前还曾被称为"上元"、"元夕"、"元宵"等。"上元"与7月15日"中元"、10月15日"下元"统称"三元节",是道教中非常重要的节日。正月十五时人们会吃祈愿健康的五谷饭。一般的米饭只用大米或放入一种杂粮做成,但五谷饭是掺杂了大麦、大豆或小米等五种以上的谷物做成的。

这一天人们也会喝耳明酒,据说喝了耳明酒可以耳清目明,听到更多的好消息。

正月十五这天,务农的人们会在水田或堤塘点火烧草,这叫做"放鼠火"。古人认为它不仅可以驱走妖魔鬼怪,还可以将危害农作物的害虫及虫卵烧尽,以求在新的一年里获得丰收。到了晚上,人们吃栗

---

① 又叫做春节服装或岁装,指为了迎接新年而穿漂亮的衣服、帽子或鞋子等。
② 新年时祝福对方以后一切如愿的话。即讲些生子、得官、致富等适合对方的拜年话。
③ "屠苏"意为击退名叫"苏"的恶鬼,屠苏酒是利用桔梗、花椒、肉桂、陈皮等药材酿成的酒。

子、核桃、花生等坚果，祈愿一年中不会生疮，能够平安无事地度过。

但正月十五最主要的活动当属赏月。当一轮明月挂在漆黑的天空中时，人们会争先恐后地爬上后山。人们望着圆月，双手合并说出自己的愿望。此外还会祈愿一年中健康无恙、平安无事，还会开展许多与春节相似的民俗活动。

第二章　韩国人的一生

人生于这个世界是一种巨大的祝福。
从出生到死亡，人一生会经历许多通过仪礼①。
出生、结婚与葬礼是其中最重要的三项。
这些通过仪礼随着时代的变迁也有所变化。
例如花甲在过去是很大的活动，
但今天却几乎不再进行特殊庆祝。

第三课

1. 出生

人的一生是从出生开始的。所以从古代起，就有很多与出生相关的仪式。未怀孕前在三月初三、四月初八、端午、七夕、重阳节②等日子去名山古刹，虔诚万分地祈祷让自己怀上子女。怀孕期间供奉三神③像，祈祷孩子顺利出生。孩子出生后，为了防止由于外人的出入而导致的不洁或疾病，在大门的门柱上方悬挂"禁线"。"禁线"原来是神圣的地方为了阻止不吉利的人接近而悬挂的草绳，小孩出生后，将松枝和木炭夹在门口的草绳上，根据性别如生男孩则还要在绳上挂上辣椒，女孩挂木炭即可。一般禁线要挂满三七④也就是21天。

最初禁线只是在孩子出生时悬挂在门口，但后来也挂在放置酱油或大酱缸的酱台上，另外还会在三神庙或城隍庙等地举行祭祀时悬挂。按照惯例，禁线一般是用新草向左搓成后使用的。

但最近大部分产妇在医院分娩，挂禁线这种事几乎消失不见了。只是还保留着产后煮海带汤喝或注意不受凉风等在产后调理方面特别留意的习惯。

最近还产生了与出生相关的几种社会问题。那就是出生率每年都在下降、甚至中止怀孕的情况也很多。问题在于，假如怀的是女孩，就会有人中止怀孕。此外，还尤其忌讳属虎或属马的女孩，这种迷信思想必须尽快消除干净。

2. 周岁宴

百日宴与周岁宴在过去被认为是与孩子的出生一样重要的活动，由于出生后一年内是孩子对疾病的抵抗力最弱的时期，所以孩子出生后平安度过一百天、平安度过一周岁的日子对家人来说是巨大的祝福与喜悦。因此，为了与家人亲戚及周围的人们共同分享喜悦，并祝福孩子能够更加健康地茁壮成长而

---

① 又称通过礼仪，人类学用语，表示人生中进入新阶段时举行的仪式。(译者注)
② 指的是阴历九月初九，是九月里唯一的俗节(祭日之外的、节气变化时在祠堂或祖先的坟墓举行祭祀的日子)。
③ 负责送子(使怀上孩子)、保护产妇及婴儿平安的三位神灵。
④ 婴儿出生后的第7天为初七，第14天为二七，第21天为三七，韩国有在三七这天举行活动的习俗。

举办宴会。现在随着医学的发达，婴幼儿的死亡率也不像从前那么高了，所以很多人选择简单举办百日宴，隆重举办周岁宴。

周岁宴这天会给孩子穿上新做的衣服，并摆上各种食物，另外还要将书、纸、毛笔、墨、弓等摆在周岁桌上（女孩的话则摆上剪子、尺、针等）。

这一天亲戚与邻居聚在一起为孩子祝福，还会让孩子抓桌上的东西以便对孩子的未来进行占卜。据说此时孩子抓到钱或粮食时会成为富人，抓到书或墨、毛笔等会成为文人，抓到面条或线会长寿，抓到弓或箭长大能当将军。在"士、农、工、商"身份制度森严的时代里，人们偏好官吏或学者；但在"金钱万能"的今天，人们的观念又有所不同了。

从前，周岁这天孩子的着装是头戴幅巾①、身穿快子②，但近年来随着西洋风俗的传入，周岁宴也多采取西方宴会的方式。即一边摆好周岁桌，让孩子抓周；一边按照西洋风俗点蜡烛切蛋糕，举行传统方式与现代方式相结合的周岁宴，这样的家庭正变得越来越多。

3. 结婚

从前身份高的人有一部分实行的是一夫多妻制，但随着时代的变迁，引入了西方文化，西方的婚姻形态也已经普遍化了。因此很多人不受传统仪式的束缚，举办西式的结婚典礼，婚礼的程序也简单了许多。但至今为止，仍保留着重要的几项仪式。不管是恋爱还是相亲，只要进入具体的婚姻阶段，都要经历如下的形式。

结婚的第一个程序是"议婚"。这是指调查家门、学识及人品等，看宫合③后决定允婚与否的仪式。首先新郎家先寄来请婚信，新娘家寄回允婚信就达成了议婚。由于这种程序的特殊性，从前大都是两家的父母决定婚姻的可否，真正的当事人双方面儿没见就举行婚礼的情况很多。

第二个程序是"纳采"。新娘家来了允婚信或口信时，新郎家写上四柱④及纳采文，用红包袱包起送到新娘家。新娘家收到四柱后，要看新郎和新娘的运势，决定结婚日期并通知对方，这叫做"涓吉"。

第三个程序是"纳币"。新郎家一般在结婚典礼的前一天将新娘用的婚需、婚书及清单放入盒中送来。"婚需"指的是婚姻所需的物品或费用，"婚书"是指从新郎家贴上礼缎寄来的信。但是现在手续简单了许多，将纳采与纳币同时进行的情况越来越多。

将纳币的盒子挑到新娘家的人叫做挑盒人，这在从前一般是身份低下的下人做的事情。但现在一般是新郎的亲密朋友来搬运。挑盒人之中也有人到了新娘家并不马上走进去，而是在门口多次大声喊"卖盒咯"，故意磨蹭。那么新娘家的人就会走出来将装有纸币的信封放在路上，让挑盒人踩着它走进家中。这是为了增添喜庆的气氛而故意开玩笑的一种小活动。

第四个程序就是举行"结婚典礼"。传统仪式分为奠雁礼（将大雁放在桌上行礼）、交拜礼（新郎和新娘相互行礼的仪式）、合卺礼（新郎和新娘互相敬酒的仪式）等，根据主礼者的笏记⑤来逐项进行。

第五项是"迎亲"。新郎在新娘家办完婚礼后，将新娘迎回家的仪式。

第六项是"币帛"。传统婚礼中，举行婚礼一天到三天后，夫妻去新郎家，摆上从娘家带来的大枣、栗子及其他干果，并向新郎的父母及家人行礼。

以上简略地讲述了婚姻的程序，但现在大部分的结婚典礼都西方化了。主礼人在仪式现场按照已定的顺序举行仪式，币帛也是仪式结束后在仪式现场委托给专业公司负责。

---

① 良家子弟戴在头上的类似帽子的东西。用黑色的布条做成，上方圆且尖，后面有长摆，两侧有绳可系在脑后。
② 原先古代战服的一种，背襟较长，两侧及腰下开衩，无袖。
③ 在缔结婚姻之前，将男女的出生年月日、时辰与五行相配，判断他们结成夫妻的吉凶。
④ 以人出生的年、月、日、时为四种依据，占卜人的吉凶祸福。
⑤ 笏记指的是举行婚礼时写有仪式顺序的文章。

不管是从前还是现在,结婚都是人伦道德的起源。所以长时间同甘共苦后迎来的银婚仪式(结婚第25年)及金婚仪式(第50年)可谓是有相当的价值。

4. 花甲

又叫做回甲、还甲、华甲或周甲,指的是人出生后第60年,正好完成干支的一个轮回。操办花甲宴时,经济上比较富裕的家庭会在饭桌上摆上山珍海味与各种时令水果。假如过生日的人父母还健在的话,本人要在花甲桌前先向父母敬酒,这叫做"献寿"。此时还要穿上彩衣跳舞让父母高兴。

结束这些之后要接受子女们的献寿,其兄弟们也会坐在当事者的旁边一起接受献寿。首先献寿的是大儿子,然后按照二儿子、大女儿、二女儿的顺序,夫妻并排站着敬酒,男子行礼两次,女子行礼四次。现在也会一起拜两次或只拜一次了事。然后孙子、孙女、侄子等按顺序敬酒。要注意的是,即便是母亲的花甲宴,也要先倒满父亲面前的杯子。假如父母只有一方健在的话,则只需摆放一只杯子。

从前还会请来乐工或歌姬,演奏鼓乐的同时歌姬唱响劝酒歌,献寿场面非常盛大。另外花甲宴也叫做"寿宴",作为祝贺花甲的一种活动,规定寿宴诗①的韵字②让周围的人作诗,不仅在寿宴当天发表这些诗,还会将这些诗收集起来做成"寿宴诗帖",让后世子孙代代相传。但现在的花甲纪念一般是和父母一起旅行或举办其他的活动。

从前有首诗说"人生七十古来稀",指活到七十岁的老人不常见,即便能活到六十岁的花甲也认为是很大的喜悦。但在平均寿命提高的今天,花甲宴逐渐丧失了原来的这种意义,祝贺七旬或八旬的人则越来越多了。

5. 葬礼

葬礼的程序根据每个人信仰的宗教不同而各不相同。例如天主教或改新教教徒的葬礼大部分是按照教会仪式进行的。

在儒教进入韩国以前,佛教处于支配地位,因此葬礼仪式多为火葬。但儒教文化被接受之后,"身体发肤受之父母③",受之父母的身体被越来越重视,埋葬文化得到普及。韩国最普及的儒教葬礼程序非常复杂。一般葬礼从初终礼(初丧时的祭礼)开始,经过小祥(一周年祭)、大祥(两周年祭),直到禫祭④共需19道程序。这种葬礼在悠久岁月的流逝过程中有所变化,各个地方的风俗也有所不同。现在各种宗教相应的葬礼仪式都引入了韩国,由于事事追求简略的现代精神,葬礼的面貌也有了很大的改变。

近来葬礼的时间多为三天或五天,丧期原来为三年,但现在缩短了很多,大部分戴孝49天⑤后脱掉丧服。这段时间丧主会带着丧章⑥,以表示戴孝丧中。

随着葬礼程序的减少,越来越多的人不选择在家中举行葬礼,而是在医院的葬礼场举行。其原因一是因为在医院临终的情况越来越多,二是因为利用医院的葬礼场非常方便。但也有人觉得在治病救人的医院举行葬礼有点奇怪,尤其是,很多时候在医院的葬礼场举行葬礼的人并非死于这家医院。

而且在韩国,墓地问题非常严重。生活在狭窄国土上的人们平均居住面积为4.3坪⑦,但死去人的坟墓平均却能达15坪。所以最近火葬又开始普及,公园墓地也越来越多,另外还出现了建立家族墓地进行合葬的情况。另外,现在葬礼仪式的各种程序大部分都会委托给丧葬公司举行。

---

① 祝贺长寿的诗。
② 用作汉诗韵脚的字。
③ 身体、头发与皮肤都是从父母处得来的,如果使之损伤则为不孝。
④ 从初丧开始第27个月的丁日或亥日举行的祭祀。
⑤ 原来是佛教用语,指的是人死后第49天为了亡者的安乐,诵经供奉求冥福的祭祀。
⑥ 表示某人在居丧的标志,用黑纱或麻布条缝在衣角、袖子或帽子上。
⑦ 1坪等于3.3平方米(译者注)。

第三章　韩国的传统艺能

> 韩国的传统艺能混合了北方要素与南方要素。
> 两千余年以来，韩国一直以农耕生活为主，
> 所以农耕文化是最主要的艺术组成部分。
> 其内容主要包含歌曲、舞蹈及民俗游戏，
> 其中有很多是在韩国的风土中成长起来的独创性元素。

民俗或艺能是在一个民族活生生的风土人情、历史及社会生活中形成的。朝鲜半岛由于南北狭长的地形特征，北方接受的是大陆文化，南方接受的是海洋文化。

韩国的很多风俗呈现与中国的东北地区或蒙古相似的形态，这可以看做是与北方文化的频繁交流导致的。除了这些北方文化的影响，韩国还经了两千年以上的农耕生活，以农耕生活为基础的生活方式及意识深深扎根，民俗及艺能、社会习惯等也是以此为土壤形成的。

由于这种历史文化背景，韩国的传统艺能在大陆文化传入及扎根的过程中逐渐形成了，其内容非常多姿多彩。第三章对韩国主要的艺能进行简略的介绍。

第四课

1. 唱剧（盘索里）

盘索里（音译）是"盘"与"索里"组合而成的词。此处的"盘"广义上来讲是指"生活的位置"，"索里"即唱曲。盘索里唱及的内容非常广泛，包含了从普通平民到两班人士生活中的悲欢。

盘索里是由一个唱者合着鼓手的击鼓伴奏，通过"声音（唱曲）"、"辞说（对白）"与"身姿（动作）"等，用唱剧的形式将长篇故事传达给观众的韩国固有的传统表演艺术。即根据其内容的节奏，时而自问自答，时而自卖自夸，用声音与身姿来表现唱词中人物的出场。其中既有令人手里攥一把汗的紧张感，又有让人一吐心中不快的诙谐，既有欢笑也有眼泪。这种"喜怒哀乐"的感情表达在表演过程中时时唤起着观众或听众的共鸣。盘索里就是这种集音乐、文学、演戏等多种特征于一体的综合艺术。

在古代，从唱者用盘索里演唱的许多故事中选出12种代表曲目，称为"盘索里12场"。但朝鲜王朝后期逐个失传，现在只剩下"春香歌[1]"、"沈清歌[2]"、"兴夫歌[3]"、"赤壁歌[4]"、"水宫歌[5]"等五场。此处所讲

---

[1] 朝鲜朝末期的名唱申在孝（1821—1884）将朝鲜时代的小说《春香传》（作者、年代不详）改编而成的唱剧，是盘索里最为著名的曲目。全罗南道南原府尹的儿子李梦龙与艺伎月梅的女儿春香深深相爱了，但随后府尹调往首尔，俩人也只得暂时忍受离别的痛苦。期间新任府尹卞学道对春香起了色心，春香誓死不从。最终李梦龙以暗行御史的身份再次登场。俩人的爱情故事圆满结束。

[2] 与《春香传》一样，申在孝将朝鲜时代的小说《沈清传》（作者、年代不详）改编而成的唱剧。孝女沈清为了得到三百石供养米让盲父睁开眼睛，卖身被扔到大海里祭神。其孝心感动了神灵，沈清得以重生成为王后，后来父亲的眼睛也重见光明，父女同享荣华富贵。

[3] 同为申在孝将朝鲜时代的小说《兴夫传》（作者、年代不详）改编而成的唱剧。某个山村里住着奸诈又狡猾的哥哥玩夫和正直善良的弟弟兴夫。兴夫偶然地为腿受伤的燕子疗伤，并得到一颗瓢种。瓢成熟之后打开一看，里面充满了金银财宝。嫉妒兴夫变成富人的玩夫将燕子的腿折断并为其治疗，但玩夫种植的瓢打开后，里面出现的是肮脏的粪便与妖怪，玩夫受到了应有的惩罚。

[4] 以罗贯中所著的中国小说《三国演义》中的赤壁大战为背景，申在孝改编的作品。以关羽在华容道擒获曹操而故意放走了他为取材对象，此处的曹操与原作不同，是个矮个子的犯人，添加了一些喜剧化因素，其中包含着对战乱纷争年代的批判意味。

[5] 申在孝将朝鲜时代的小说《鳖主簿传》（作者、年代不详）改编而成的作品。这部小说又叫《兔子传》或《兔鳖山水录》。其内容是将从新罗时代开始流传下来的乌龟与兔子的故事喜剧化、戏剧化的故事。龙王的跟班乌龟将兔子骗到了龙宫，兔子猜到自己被骗之后，绞尽脑汁最终成功地从龙宫逃脱了。

的"场"是表示游戏或戏剧等的单位,起源于游戏或戏剧原先在"广场"上演出。

盘索里中夹杂着很多辞说的内容,使用了很多特殊用语。以上面提到的"对白"为例,就有很多种节奏与发说。现在使用的盘索里节奏有진양、중모리、중중모리、자진모리、휘모리、엇모리、엇중모리等,其中중모리、중중모리、자진모리是最基本的。在此,由于篇幅问题不得不省略对这些节奏详细的、专门的解释,但大体上可解释为"진양"是抒情的哀怜调,"중모리"带有泰然的味道与安定感,"중중모리"则是可以引发人们兴趣的调子。总之,按照"진양→중모리→중중모리→자진모리→휘모리"的顺序节奏逐渐加快,根据辞说中的具体状况与人物感情的不同,选择恰当的节奏也是件很有妙趣的事情。

下面引述金素姬①的《春香歌》辞说中的一部分,(1)是李道令见到春香荡秋千的模样一见钟情的场面,(2)是李道令与春香私定终身、缔结良缘的场面。

(引文略)②

如上所述,盘索里是表现韩国精神的代表性传统艺术,同时也是将日常生活的面貌和音乐一起诙谐地表现出来的艺术。另外,听众也可直接参与乐在其中,具有很高的艺术价值。2003年11月7日被联合国教科文组织定为世界非物质文化遗产。

第五课

2. 传统舞蹈

花冠舞

花冠舞的舞者扮相非常漂亮,她们身着宫中舞服饰,头戴五色珠装饰的华丽花冠,在空中挥舞着长长的彩色汗衫跳舞,给人一种华丽优美的感觉。从前,宫中举行宴会时所跳的歌舞叫做呈才,以此为创作基础,1954年一种全新的创作舞蹈发表于世。到了1957年,这种舞蹈被取名为"花冠舞"。

将朝鲜时代的舞衣"蒙头里"加以修改使其符合现代感,修改后的"广袖袍"上添加了胸带与筒裙,比宫中呈才时使用的服装略长。并且在汗衫内放入长竿两手抓握,舞者挥动汗衫起舞。

在空中飞舞的汗衫其美丽的线条是花冠舞独有的特征,通过展开或弯曲双臂来实现上下移动,向上时肩线处要保持水平,向下要低着头向前集合。

现在的花冠舞是近代舞蹈家们在古代华丽的宫中舞服装与舞蹈的基础上重新创造的,主要在有国家活动、国外演出时表演。

扇子舞

扇子舞是由传统的民俗仪式变形、发展而来的,作为韩国代表性的民俗舞蹈,最受大众欢迎。展开、合并或摇晃扇子等技巧是扇子舞编舞的重点,其中扇子还起到诱导全身动作的作用,更增加了一层优雅的感觉。

扇子舞的编排有时是许多人同时或按照顺序依次起舞,有时对立或交错多次开合扇子,跳舞时添加了节拍与速度感,演出场面非常带劲。时而用力跳跃,时而冥想似的安静移动形成的绝妙和谐统一提高了扇子舞的艺术价值。

利用扇子跳舞在东北亚的其他国家也可以见到,但利用扇子将空间与造型的美丽立体地、形象化表现出来的扇子舞最能表现出韩国的味道,扇子舞被评为代表性的韩国古典舞蹈。

---

① 金素姬(1917—1995年),13岁时在南原名唱大会上得了第一名,一生贡献给了盘索里。尤其是20世纪60年代之后,巡访欧洲致力于将民俗艺术传播到全世界。第5号重要非物质文化遗产。
② 尹荣玉著,《现代语译本春香歌》,民俗院,2005年。

长鼓舞

此舞起源于现在全罗道地区农乐游戏之一的长鼓舞,亦名"장구춤"。1930年前后在日本学习现代舞蹈后回国的崔承喜①对长鼓舞进行了重新创作,使其成为正式的舞台艺术,具备了目前这种全新形态的独立节奏。

长鼓舞的开始大都是伴着太平歌等民谣的节奏华丽起舞。民谣结束后才进入正式的长鼓舞部分,伴着欢快的节奏进入无我之境,随着跳跃激发出最高的氛围。另外看着美丽的姑娘们将裙角绕在腰间,背着长鼓兴高采烈跳舞的样子,观众也自然会劲头十足、肩膀耸动。

长鼓舞不仅在韩国国内,在国外的许多国家也受到了广泛的欢迎,其人气越来越高了。

巫堂舞

巫堂舞来源于萨满,可分为降神舞与世袭舞两大类。前者是汉江北部地区广泛传播的,动作活泼敏捷,表现出强烈的咒术性。相反,后者主要在汉江南部地区广泛普及,动作轻柔,给人一种纤细的感觉。

巫堂舞是一种游离于普通世俗社会秩序之外的舞蹈,其中的混沌与乱舞中包含着演戏者迫切的愿望。因此巫堂舞既具有演戏者热衷于跳舞,将观众引入陶醉与恍惚之中的因素;也有感受到无限解放的感觉,使精神净化的因素。目前,近代舞蹈家赋予了巫堂舞新的主要功能,作为更近代化的舞台艺术,在国民中有了越来越高的人气。

僧舞

顾名思义,"僧舞"是"僧侣的舞蹈"之意。僧舞受到了佛教艺术的深刻影响,是朝鲜时代后期"教坊舞②"其中之一。现在被评为韩国传统舞蹈中最为美丽、具有高度艺术性的舞蹈。

演戏者头戴高角帽,身着长衫③,脚穿白色布袜,跳起优雅的舞蹈。僧舞静中有动,长衫的移动中表现出的曲线美能强烈吸引观众们的心。

另外僧舞既有包含着人类恨与情的黑暗一面,也有从舞蹈的美丽与鼓声的响动中唤起人们欢喜的明朗一面。今天僧舞已被指定为重要非物质文化遗产,在国外也受到广泛介绍。

驱煞舞

从前的韩国人假如一年的运气不佳,会认为是鬼神作祟,必须将这些驱除。为了驱除坏运气,人们请来巫堂跳舞并开展巫俗祭,这就叫做驱煞舞。

驱煞舞是以巫堂为媒介,与死去的魂魄进行对话的巫俗仪式,其形式一般为巫堂们拿着手巾跳舞。这种形式的舞蹈不仅韩国有,据说在中国及蒙古也存在。

从前这种舞曾被称作手巾舞、即兴舞等,1903年名叫韩成俊的人公开表演了这种舞蹈,并将其称作"驱煞舞"。目前的驱煞舞在京畿道与湖南地区分布广泛,解放后一部分巫堂组成了自己的集团,在研习舞艺的同时逐渐使驱煞舞具备了艺术性形态。这种驱煞舞的即兴要素很多,在平静的氛围中能感受到一种纤细感,是一种将人类的悲伤与遗憾升华为欢喜的一种非常特殊的舞蹈。

驱煞舞作为今天韩国传统舞蹈的代表性舞蹈,已经被指定为重要非物质文化遗产。

3. 假面舞

"假面舞"即"戴着假面跳的舞",凤山假面舞与康翎假面舞最为出名。凤山假面舞是代表朝鲜黄海道内陆平原地带的黄州、瑞兴、凤山等地的假面舞,而康翎假面舞则是黄海道的海州、熊津、康翎等沿海

---

① 1911年出生于首尔,是最早用西方现代舞技创作舞蹈的人物。在8.15解放之前曾主导着韩国的舞蹈界,1947年4月到了朝鲜,1979年8月8日去世。
② 教坊是指高丽、朝鲜时代以艺伎们为中心掌管歌舞的机构,教坊舞就是在那儿跳的舞。
③ 僧侣们穿的上衣,用黑色麻布制成,衣服较长,胸与袖皆宽。

地带跳的假面舞。据说这些假面舞的历史可以追溯到遥远的高丽朝时期(918~1392年),但直到200年前假面舞才得到普及,主要在端午节(阴历五月五日)和夏至当天晚上举行。尤其是康翎假面舞通过1929年10月在首尔府民馆①的公演而被广泛得知。这两种假面舞的主题略有不同,但都有上佐舞、墨僧舞、社堂舞、老僧舞、狮子舞、两班舞、老头舞、婆婆舞等,其基本过场②的构成是相似的。

在跳假面舞之前首先要配备假面与服装,然后还有伴着音乐向表演场所行进的马路游戏与祭祀。尤其是凤山假面舞的舞蹈动作活泼轻快,挥舞时长衫与汗衫衣袖纷飞,舞蹈十分华丽。

假面舞的主要内容是平民们艰难的生活处境、对两班的不满及对佛教教理的讽刺等。这些内容在表演者之间进行的对话中很好地表现了出来。

另外,有些假面舞还将一夫多妻制下以丈夫为中心的妻妾之间的矛盾与爱情诙谐地表现了出来。

假面剧从何时开始、经历了何种变化过程目前尚未明确,但对于凤山假面舞有如下的传说。高丽朝末期某个寺刹有个叫万石的老僧,他受到所有人的尊敬,大家都称他是"活佛"。

但他的亲戚中有个叫醉发的败家子,他为了让万石堕落而不计手段,无奈万石始终未曾动摇。后来,醉发孤注一掷,想出了一个最后的办法,他派了一个美女妖精去诱惑万石。最后万石未能抵得住那个妖精的诱惑而破了戒。这件事传开之后,世人对破戒僧人的憎恶与反感越来越严重。据说当时有一位有志人士考虑到佛教的未来,同时为了防止僧侣的破戒,而创出了假面舞。

所以含有这种内容的假面舞台词中使用了很多在日常生活中的禁忌词语。例如凤山假面舞的场面中会出现如下的对话。(将难于理解的方言改为了标准语)

(引文略)③

凤山假面舞共有七场构成,此处只选择了其中一部分。总之,在韩国的传统艺术中,凤山假面舞与康翎假面舞受到了国民的广泛关注,甚至在讲习会上也会广泛举行。

如此,假面舞原先只是岁时风俗,近现代以后发展为戏剧形态,今天被称为庭院剧、庭院巫俗戏、民族剧等,具备了新的民俗游戏的面貌。

第六课

4. 民俗游戏

男寺党戏

男寺党戏是以领头人(首领)为首的,至少40名左右的男性组成的流浪艺人集团。这些男寺党艺人团从朝鲜朝后期开始到1920年左右巡回于农村和渔村,进行各种曲艺演出,为百姓们带来欢乐。

男寺党团由相当于队长的领头人、辅助领头人的二把手、各个演戏领域的领头人、边演戏边锤炼技巧的研修生、刚加入的学徒、起到顾问作用的老人及负责各种杂事的跑腿生构成。男寺党戏的种类由风物戏、转碟子、跳马、走绳索、假面舞、木偶剧等构成,据说大都从晚上9九点开始演出,直到第二天凌晨3~4点左右结束。其中最受欢迎的就是走绳索,在电影《王的男人》中也出现了走绳索的场面,受到了人们的广泛关注。

虽然男寺党艺人团是由出身于贫苦农村的人或孤儿等组成的组织,但通过他们为百姓们演出的内容,也能够起到唤起民众意识的作用。男寺党戏在今天仍是民俗艺术的基础,被指定为重要非物质文化遗产。

---

① 府民馆是京城府1935年在首尔市中区太平路1街建立的府立剧场。
② 与盘索里的"场"是相同的概念,相当于戏剧上的"场"。
③ 田耕旭,《韩国假面剧》,悦话堂,1997年。

北青狮子戏

狮子戏目前广泛分布于朝鲜地区。即在咸镜南道的北青、咸州、定平、永兴、洪原等地区及咸镜北道的镜城、明川、茂山、钟城、庆源等地区广泛地存在着。其中北青狮子戏最为出名,可谓是咸镜南北道狮子戏的代表。

但朝鲜半岛古代并没有狮子,这种游戏是如何发展为民间艺能的呢?

当然,以前半岛是没有狮子的。但在《三国史记》[①]中崔致远[②]所做的绝句《乡乐杂咏》中出现了有关狮子戏的记载。这些绝句共有五首汉诗构成,诗里出现了如今的我们无法得知其内容的"金丸、月颠、大面、束毒、狻猊"等所谓的五技(五种技艺)。其中的"狻猊"就是狮子游戏。

《狻猊》
　　　　远涉流沙万里来,毛衣破尽着尘埃;摇头掉尾驯仁德,雄气宁同百兽才。

这首诗说明狮子戏是越过戈壁沙漠传入韩国的。狮子戏经过高丽、朝鲜时代一直流传到今天,其主要目的就是所谓的"辟邪进庆"。人们相信狮子作为百兽之王,能够驱除邪恶的东西。狮子戏被认为是驱除杂鬼、保护村庄和平的活动。

北青狮子戏开始于阴历正月十五夜晚月亮升起的时候,青年们会展开村庄对抗的烛火战。烛火战结束之后,整夜进行狮子戏。

北青狮子戏可分为庭院游戏与狮子游戏两大类。庭院游戏由哀怨舞、祠堂居士舞、舞童舞、咒语舞、罗锅舞、刀舞等个人戏构成,狮子戏则有两只狮子出场,伴着鼓声与洞箫声,展开各种舞狮技巧与舞蹈动作。而且狮子游戏由初场、中场、终场三部分构成。下面简单介绍一下这三部分的内容。

初场部分是做准备运动的阶段。狮子按照上、下、左、右的顺序剧烈移动头部,这叫做"热身"。以前人们会在狮子的头部或身体上挂上铃铛,每当热身时就能听到嘈杂的铃铛声,但现在基本不挂铃铛了。在这一部分狮子不做正式的身体动作,仅仅是热身后便退场。

下面是中场,此时狮子会趴在地上、慢吞吞爬行或飞奔跳跃,还会展现亲嘴巴、抖身体、左右摇晃头部假装要抓人,以及摇动尾巴挠搔身体等各种技巧。另外还会做弹力十足的激烈运动。此时,会插入僧舞,以狮子为中心将汗衫的衣袖挥在空中起舞。狮子也会起劲儿地同时起舞,然后吃掉两班扔给的兔子,最终摇摇晃晃地倒下。此时的台词如下。

(引文略)[③]

最后的终场部分狮子活过来后继续跳舞,僧舞再次插入,同时有两名居士进入绕着圆圈尽兴起舞。

与其他的狮子戏相比,北青狮子戏的特征是即兴的因素非常多。也就是说,北青狮子戏的台词(出场人物相互间的对话)可能根据场合的不同而有所变化。除了台词的变化之外,假如观众中有妇女的话,会让狮子在妇女面前展示各种技艺,也会引起妇女们由于害怕而四处逃避的混乱场面。之所以称狮子戏为传统艺能,是由于今天仍有必要与观众同呼吸。

四物游戏

"四物"指的是小锣、锣、长鼓、鼓四种乐器。敲打着这些乐器兴奋起舞就叫做"四物游戏"。通过开拓高水平的演奏技术,今天的四物游戏已经成为了韩国最受欢迎的演奏音乐。

四物游戏原来是以农乐为基础的,后来在其中注入了新的音乐性要素,作为优秀的乐器演奏形式,其艺术性得到了认证。

[①] 高丽朝的金富轼(1075—1151年)等参照古记、遗籍即中国的史书等编纂的韩国最为长久的政史。但原本已遗失,后来经过几次改编流传到今天。
[②] 崔致远(857—?)新罗时代的著名学者。12岁时留学唐朝,17岁那年回国任官职。晚年为了躲避乱世而走上了流浪全国的道路,据说在伽倻山海印寺去世。
[③] 全敬玉,《北青狮子游戏研究》,太学社,1997年。

农乐指的是从事农业的非专门人士在他们的共同体内进行的演出,今天的四物游戏则是由专门的才艺人员演出的。当时,隶属于男寺党的20岁左右的年轻艺人在1978年选出四种打击乐器命名为"四物游戏",并组成了新的演出团体。

如此形成的四物游戏在原先农乐节奏的基础上,添加了歌曲与舞蹈,它并非单纯的农乐,其优秀的艺术性得到了认证。

第四章　韩国的主要民俗活动

韩国的民俗活动很好地保存了各地区的历史文化传统,
开展地异彩纷呈。其中有些原样保留了悠久的传统,
有些则为了符合新的时代趋势而略有变化。
这些民俗活动的种类非常多,此处选出其中最具代表性的几个作一下简单介绍。

第七课

1. 江陵端午祭

虽然有人认为江陵端午祭的历史可以追溯到公元前的部族国家时代,但尚未有明确的证据。但可以明确的是,江陵端午祭是从朝鲜时代中期开始传承至今的民俗活动。

端午祭中蕴含着说话性要素、佛教及儒教要素及民众的信仰要素。所以可以说,端午祭是所有阶层的人们聚集在一起的解放空间。

江陵端午祭的特征是"端午巫俗",主要在源自大关岭的南大川边设置的端午场举行。每年阴历的四月五日酿造神酒,登上大关岭请回城隍爷是这场巫俗的开始;到五月七日的送神祭为止,大约能持续一个月以上的时间。

此处的城隍神是新罗时代的高僧,名叫梵日。据说当时他的母亲做了一个梦,梦中她舀起并喝下了石泉井里映照着阳光的水,然后便怀上了他。

端午祭礼与巫俗作为最主要的活动,是在异常严肃的氛围中进行的。由于此地经常下雪,所以为险恶的交通状况祈祷安全及祈祷五谷丰登是活动最基本的内容。巫俗中还包含着独特的音乐与舞蹈、特殊的服饰及巫歌等口碑文学的内容,汇集了韩国萨满主义的多种精髓。

此外还会开展官奴假面剧、农乐表演大赛、摔跤大赛、荡秋千等50多种民俗活动。许多艺能人士与观众从全国各地赶来,演出集兴奋与喜悦于一体的游戏文化。尤其官奴假面剧是以此地的守护神人物为题材的,被评定为能够表现韩国假面剧传统的哑剧。

江陵端午祭的固有性与客观性受到了认证,于1967年1月被指定为重要无形文化遗产,祭礼、巫俗、官奴假面剧的艺能人士等都被指定为艺能保有者。而且2000年又被联合国教科文组织选定为非物质文化遗产,现在成为了名副其实、受到全世界瞩目的韩国代表性民俗活动。

2. 庆州新罗文化祭

庆州作为新罗千年的古都,可谓是文化的宝库。为了继承、保存灿烂的民族文化,并将其介绍给全世界,从1962年开始以每两年为一个周期,在10月初举行为期三天的庆州新罗文化祭。

在这期间,以2000年12月被定为世界遗产的庆州历史遗迹地区为首的庆州一带,开幕祭、民俗表

演、文艺创作、民俗文化的盛宴,学术、体育、佛教活动,公演等六大领域会开展30个项目多姿多彩的活动。

再现新罗的佛教精神与象征智、仁、勇的花郎①及象征真、善、美的源花②传说的花郎·源花选拔大赛、摔跤大赛、元晓③艺术祭、诗画展、历史剧、音乐表演大赛、乡土作家展、化装游行、箭术比赛、韩语白日场④、转塔游戏⑤、宫中舞等充满梦幻与浪漫色彩的活动在每年举行的庆州新罗文化祭上获得了越来越高的人气。

尤其是年轻人为了能被选为光荣的花郎与源花,而彼此竞赛"美丽与才华"。"花郎"是新罗第24代真兴王时期组织的青少年训练团体,是由门第与学识具备、容貌端庄、品行端正的青少年组成。他们按照彻底的佛教精神,遵守"花郎五戒",致力于身心的锤炼。"五郎五戒"的内容如下:

事君以忠　　事亲以孝　　交友以信　　临战无退　　杀生有择

另外,"源花"则是新罗时代的女性团体,选出五官端正的两名女子带领300多名青年,评价他们的技艺与能力,录用为国家的人才。花郎与源花至今为止仍被当作青少年的理想。

另外,开幕式时的"序祭"与被称为"千年之路"的化装游行是新罗文化祭中最值得一看的活动之一。"序祭"是在天地神佛面前感谢赐予了我们富足的生活、温习古文化、创造新文化的祭典。"千年之路"化装游行是以参拜神文王⑥完成新罗统一的父亲文武王⑦的化妆行列为中心,新罗时代的许多标志物、高僧及花郎、源花等一同行进的活动。如上所述,新罗文化祭可以说是在今天再现新罗千年景象的民族性祭典。

3. 扶余、公州百济文化祭

百济文化祭是以重现百济文化的遗风、实现民族文化的中兴为主旨,1955年由扶安郡的居民开始主办。如今在忠清南道扶余的扶苏山城⑧摆设祭坛,拜祭百济的代表性人物——"三忠臣"——成忠、兴首与阶伯;在落花岩⑨下白马江中开设水陆斋⑩昭示着这场活动的开始。"三忠臣"中的成忠与兴首是冒死劝谏沉迷于酒色、不问政事的国王以政事为重的人,而阶伯则是在660年新罗与唐朝的联军攻入时,为使妻儿不至于沦落为敌军的奴隶而亲手杀死了他们,自己也在黄山伐战斗中壮烈战死的著名人物。

另一方面在公州市,以公州的乡校为中心,举办追慕百济王朝全盛期的文周王⑪、三斤王⑫、东城王⑬

---

① 新罗时代青少年的民间训练团体,有门第与学识具备、容貌端庄、德行端正的少年们组成。
② 新罗时代的女花郎。24代真兴王时选出两名美丽的女子,使她们率领着300余名年轻人,评价其才华及品行后录用为国家人才,为国家做贡献。
③ 新罗时代的著名高僧,海东宗的创始人。生了儿子薛聪后破戒,自称为"小性居士",致力于佛教思想的综合与实践。(671年-686年)
④ 朝鲜朝时期,为了劝勉儒生的学业进步,各地方的儒生聚集在一起比赛诗文。现在由国家或各团体举办的诗文创作比赛沿用了这个名称。
⑤ 由佛教仪式传来的一种民俗游戏。到了释迦诞生的四月八日那一天,各家庭或寺庙制灯并悬挂,佛殿举行大祭,在各个寺庙的院子里进行转塔游戏。起初只是纯粹的佛教仪式,逐渐扩大为一般的民俗活动。
⑥ 新罗第31代王(681—692在位),整顿了官制、设立了国学、致力于繁荣文化。
⑦ 新罗第30代王(661—681在位),1967年在奉吉里前海发现的水中陵墓的主人公。
⑧ 位于忠清南道扶余郡扶余邑双北里的百济时代的山城。
⑨ 位于忠清南道扶余郡扶余邑扶苏山的岩石。公元660年(百济义慈王20年),百济由于新罗与唐朝联军的攻打而陷落,3000余名宫女投身于白马江岩石下而亡,故称为落花岩。
⑩ 为流浪在水中和陆地上的孤魂献奉供养的佛教仪式。
⑪ 百济第22代王(475—477在位),父亲盖卤王战死在与高句丽的战争中后即位。曾努力加强国防,但477年被逆臣解仇夺取了实权并杀害。
⑫ 百济第23代王(477—479在位),13岁时即位,曾讨伐逆臣解仇与燕信。
⑬ 百济第24代王(479—501在位),493年与新罗结成婚姻同盟,共同对付高句丽。后来沉溺于放纵与奢侈中,死于臣下之手。

及武宁王①的祭礼。此后1967年两个庆典合而为一，奇数年在公州，偶数年在扶余，每年的10月9日开始到12日为止举办百济文化祭。

百济文化祭由于市民们的积极参与，每年都有很大的发展，活动项目曾一度达到100余种。从2005年开始全部整理为10个项目，活动内容相比起数量来更注重质量。

这场庆典平均每年有12000余名人员参加，文周王的熊津城迁都仪式及行次、追慕前面所讲的四位王者的四王祭奠、武宁王即位式等七种祭典与各种国际学术会议及研讨会等学术大会、许多外国文化团体参与的国际文化庆典、恩山别神巫俗②等民俗游戏每年都开展得如火如荼。

最近，日本人对百济文化祭的关心越来越高也是这个活动的一个特色，这是因为百济文化与日本文化有着非常深的连贯性。尤其是1972年在公州宋山里发现了王陵墓群，王陵的主人武宁王(501—523年在位)吸引了很多人的关注。他不仅派了五经博士到日本，对日本的古代文化做出了贡献；而且他本人与日本也有命运性的关联。《日本书记》中记载，百济的盖卤王(455—475在位)派遣王弟昆支到日本时，一同前往的妃子在日本的各罗岛生了孩子，那个孩子就是武宁王。

百济文化祭期间，扶余与公州的城市整体都洋溢着庆典的氛围。

4. 南原春香祭

南原春香祭开始于1931年日帝统治时期，是券番③的艺伎们合力募集资金、以南原的有志之士为轴心、以继承春香的气节为目的的活动。当时联合了开城、晋州、平壤、东莱、汉阳等地的券番，以女性为祭官，每年进行祭祀。之所以以女性为祭官，是为了躲避日本警察时刻的监视。

春香16岁那年的端午节与使道的儿子李梦龙在广寒楼④相遇陷入了爱情，但后来李少爷的父亲被调职，李少爷也随之去往汉阳。后来春香拒绝了继任使道的垂爱，虽受尽各种折磨但一直坚贞不渝。《春香传》包含着春香与李少爷美丽的爱情与坚贞、与肮脏的社会现象相抗争的不屈精神，春香祭以此为基础，是韩国最高的乡土文化庆典。

从2000年开始，乡土文化庆典委员会为了让春香祭成长为韩国最具代表性的文化庆典，而将祭祀日改为阳历的5月5日。开展的活动有历代春香传电影放映、互联网春香祭、春香选拔比赛、国乐与盘索里公演、韩服时装秀、春香商品售卖等。而且作为传统游戏的体验，还同时开展木工艺、陶艺、草编工艺、用韩纸折小人儿等多姿多彩的活动。

不过春香祭上最受欢迎的活动当属春香选拔比赛了。为了应征"蕴藏着韩国女性美的春香"、"德才兼备的春香"，韩国各地的数百名美女汇集而来。其中第一轮会选出80名候选人，第二轮选出30名候选人，要想在最后一轮胜出，参加者需要付出大量的努力与艰辛。在公布最终结果时，选手们往往会陷入悲喜交加的场面。

春香祭在2001年新千年的第一年被新千年准备委员会选定为地区性节日，同时被文化观光部选定为文化观光节，成为了名副其实的、韩国最高的民俗节。

第八课

5. 全州丰南祭

1959年端午节被指定为"全州市民日"，这就是全州丰南祭的起源。2005年盛大地举办了第47届庆

---

① 百济第25代王(501—523年在位)，512年派遣使臣与梁签订"近亲远交策"，修建双岘城等，致力于加强国防实力。
② 指的是在忠清南道扶余郡恩山面恩山里的村子祠堂——别神堂里开展的祭祀。
③ 日本统治时期艺伎们的妓籍所在的组织。教授歌舞、培养艺伎，并负责分派艺伎到各个酒楼。
④ 位于全罗南道南原地区，是春香与李梦龙少爷初级见面的地方，也是春香传故事展开的舞台。

典,以"丰饶的千年全州、传统的味道与风韵"为主题,活动从4月30日持续到5月5日。

这场庆典是一场能够让所有全州市民体验到全州的历史与传统的代表性庆典,庆典期间会开展30余种不同的慰民公演,其中有年度活动全州大私习游戏——全国大会①、汉诗白日场、朝鲜武科及第再现、旗接游戏②等。全州的旗接游戏是巩固地区团结与礼节的民俗活动,人们挥舞着15米长的旗杆,上方悬挂着宽3米、长5米的龙旗,它被认为是这个地区的代表游戏。

这是一场能够重现千年历史的庆典,为了使市民在庆典中感到全州的独特风韵,许多研究正在进行中。另外,来此的游客也可以在修葺一新的韩屋村③里感受到此地丰饶的味道与风韵,以及温暖善良的民心。换言之,游客在尽情吃东西、观赏、游玩的同时,还可以体验到此地的民俗性、艺术性传统文化。

另外,市民们还自发地参加各种各样的项目,尽情发挥自己的主人意识与共同体精神。丰南祭最主要的活动当推能够将全州的历史与文化尽收眼底的超大型游行。与骑马队、国乐队、歌手团、吹打队等一起行进的后百济甄萱大王行列、朝鲜王朝李太祖的御像行列等穿越时空,在今日得以重现,这也证明了甄萱与李成桂与此地都有很深的渊源。

甄萱在公元900年时,定都于当时称为完州的全州,建立后百济。后来于927年杀害了在庆州鲍石亭摆宴的新罗景哀王,拥立新王敬顺王,一度成为后三国中最强大的国家,最终却被高丽的王权所降服。

朝鲜王朝的始祖李成桂先祖世代生活在全州,但祖父时由于受政治斗争之苦,一族700余人辗转到三陟、义州及现在中国的东北部地区。李成桂本身出生于永兴,后来到了开城成为高丽时代中央政权的中流砥柱,最终建立了朝鲜王朝。

每年市民参与全州丰南祭的热情越来越高涨,在这场历史与文化的仪式中共同体验全州。

6. 安东民俗祭

安东民俗祭是将很久之前就在这个地区流传的多个村落的祭典综合起来,从1968年开始实行的民俗活动。尤其是车战游戏④、踩人桥⑤、草编工艺表演大会、乡饮酒礼、经典朗诵大会、天然染色时装秀等可谓是能表现这个地区特色的民俗游戏。其中车战游戏是人踏乘在木制的巨大战车上,战车被很多人在下方用肩膀托住,用战车的头部彼此撞击的男性游戏。另一方面,踩人桥是许多女性弯下腰,让公主从上面走过的传统女性游戏。这两种游戏可以说是安东的代表性民俗游戏。

安东的河回村由于很好地保存了儒教的传统文化,1999年4月英国女王到访,使得此地更为出名。此地会展开河回别神巫俗假面游戏等多种民俗公演,另外还会在位于村前奇岩绝壁上的芙蓉台上再现能够与自然风景融合为一体的落火游戏⑥。

在村口的河回假面博物馆里陈列着被指定为第212号国宝的多种形状的河回假面。此地还有专门

---

① 源自朝鲜后期喜爱全州艺术的人们在冬至的夜晚邀请著名的倡优到来,边听盘索里边玩的宴会。在日本统治时期中断,直到1975年才恢复,开办了"第一届全州大私习游戏全国大会"。当时有盘索里、农乐、舞蹈、时调、射箭等五个部分,1983年又增加了器乐、民谣、伽倻琴弹唱、普通盘索里等4部分。"大私习"是"表演大会"的古语。
② 这是全州一带的村子在七月七日或七月十五中元节时,由于某一村的邀请,各个村子为了加强各自的团结与和睦而进行的民俗游戏。旗帜上画着龙与龟,这源自象征祈雨的龙神信仰。首先由令旗引路,龙旗随后登场,会展开龙旗奔跑、龙旗游戏、撞龙旗等多种旗艺活动。
③ 以2002年FIFA世界杯为契机,为了重现千年古都王朝文化的根源,进行了韩屋村修葺项目。如今那里具备了传统文化中心、工艺品展示馆、名品馆、韩屋生活体验馆、传统酒博物馆、传统韩纸园、韩方文化中心等文化设施。
④ 在京畿道加平与江原道春川地区也有分布,在安东也被称为"动辕游戏"。
⑤ 又叫做"踩路桥"或"踩瓦片",高丽恭愍王(1351—1374年在位)与王妃鲁国公主来安东地区避难时,正巧要经过一条小溪,于是村里的姑娘们全体出动,弯下腰让公主踩在自己的背上通过。这就是"踩人桥"的由来。
⑥ 又叫"船游花火游戏"。在芙蓉台的悬崖峭壁下流淌的江上举行船游诗会与花火游戏祝祭。每当作成一首诗时,都要从芙蓉台顶上扔下一捆点燃的松枝到悬崖下,熊熊燃烧的火花像瀑布一样掉落,所有人都大声喊"落火呀"!

人员解说这些陈列品,对理解河回假面游戏有很大的帮助。流传至今的河回假面有新娘、和尚、两班、书生、屠夫、婆婆等9种。此外还有几种类型,可惜现已失传了。这个博物馆还陈列着法国、新西兰、日本等世界各国的假面,可以将许多国家的假面进行比较。

另外,说到安东不得不提到朝鲜朝的大学问家李滉(1501年~1570年)及其研修学问、教授弟子的陶山书院。李滉从政界隐退后来此地,十年后,本着培养青年学者的目的建立了这所书院。李滉去世后的第四年,弟子们为了纪念先师的学识与德行,对书院进行了重新修葺。这所书院包括他教授弟子的陶山学堂及其他几个附属建筑。

安东民俗祭上也可以看到具有高水平饮酒文化的乡饮酒礼与国家发生大喜之事时特别举行的道士特别考试。

7. 济州耽罗文化祭

一到每年的9月末10月初,整个济州岛就沸腾着庆典的热烈气氛。这是由于此时会开展以"千年的耽罗文化"为主题的、济州的代表性庆典。

以济州的历史、文化及艺术为主题的耽罗文化祭可以追溯到1962年。1965年改名为汉拿文化祭并发展为乡土文化庆典,后于2005年又改回耽罗文化祭,真正成为能够重现济州千年历史的新传奇。从耽罗的开国神话开始,济州岛就具备了与其他地区迥异的特殊性格,并长久维持着独立的部族国家体系。

济州岛的开辟神话是著名的"三姓神话"。传说在太古时期,汉拿山北部有个三姓穴,洞穴里萦绕着奇怪的精气。有一天,三位神人依次从洞穴中来到地上。浑身散发着异样光彩、神采奕奕的三位神人分别叫做高乙那、梁(良)乙那与夫乙那。他们在四面环海的美丽岛屿上采集野果、钓鱼、狩猎等,和睦地生活着。虽然岛上像样样俱全的乐园,但终究少了一件东西。此时耽罗的东方有个碧浪国,碧浪国的国王有七个女儿,其中四位公主已经远嫁到了丹狄国,还有三位聪明的公主尚未出嫁。有一天,国王突然听到天帝对他说:"西南海上有个耽罗岛,那里有三位神人想建立新的国家。把你的三个女儿嫁到那里吧,她们会在肥沃的土地上繁衍子孙,并得到荣华富贵的。"

因此,国王派人伐木做船,三位公主带着几名使者和五谷的种子、小牛、小马出发前往耽罗国。

到达济州岛东海岸的三位公主头戴天冠、浑身散发着祥瑞的香气出现在三位神人面前。神人们按照出现在这个世界上的顺序各自与一位公主完婚。他们撒下五谷的种子从事农业,并饲养牛马,开始了幸福的生活。

济州岛从高丽时代中期开始到朝鲜时期为止才被纳入朝鲜半岛的政治圈。由于济州岛特异而美丽的自然风光及其特殊的社会背景,其庆典的内容也非常多样化。

济州庆典的主要内容有祈愿大庆典、传统文化庆典、济州民画大庆典、身土不二庆典等。另外,第71号重要非物质文化遗产济州本乡堂巫俗祭①、海女游戏、老头儿游戏等非物质文化遗产资源非常丰富。文化祭期间,还会邀请固城五广大、珍岛强羌水越来、凤山假面舞、黄海道平山斗牛戏等其他地方的非物质文化遗产到来演出,在此可一览韩国民俗艺术的精髓。

人们可以参观被称为"神灵故乡"的济州神堂,神堂探访活动是只有在济州才能体验到的宝贵经历。除此之外,参观陈列着济州独特民俗遗物与地质海洋生物等丰富自然历史资料的民俗自然史博物

---

① 为掌管海洋的神"灵灯婆婆"开展的巫俗祭,又可以称为"潜水巫俗祭"、"海神祭"、"海女巫俗祭"等。这场巫俗祭是海女们为了捕获更多的海产品及海洋的安全而进行的祈祷。蕴含着济州特有的海女信仰与生活民俗,由人类文化遗产人士——安士仁在济州市本乡堂公开表演。

馆与教育博物馆,以及体验济州岛的先祖——耽罗先史时代的生活都能够深化对济州历史与文化的理解。最后,品尝济州新鲜的海产品也是不可或缺的乐趣之一。

第五章 今日韩国

在解放后经过了60多年的今天,韩国取得了巨大的发展。
其过程中有同族间展开的战争,也经历了纷繁的政治磨练。
但韩国人民充满智慧地成功克服了这些问题。
目前政治上民主主义已经扎根,正向着经济、社会及文化的发达道路前进。

第九课

1. 韩国的政治

1945年8月15日解放的朝鲜半岛分别被美国及旧苏联占领,面临了国土分裂这样的悲剧性现实。即便如此,韩国人民也没有放弃建立民主国家的努力,最终在1948年5月10日实行了全体选举,7月17日制定了宪法,8月15日建立了大韩民国政府。后来历经九次修改,于1987年10月29日修改并公布了现行宪法。

韩国宪法规定:为了实现人类的尊严,追求自由与民主政治,将国民主权主义、自由民主主义、法制主义等作为基本原理。宪法第1条第2项规定"大韩民国的主权属于国民,所有的权力来自国民",直接宣示了国民的主权。宪法在理念上将以自由民主主义为前提的法制主义作为基本原理,追求的是法治而不是人治。另外在宪法全文中,记录着祖国的和平统一是国民的历史使命,尤其第4条规定"大韩民国指向统一,树立并追求立足于自由民主基本秩序的和平统一政策"。

韩国的统治制度是建立在严格分权的"牵制与均衡"基础上的总统中心制。总统通过国民的普通、平等、直接、秘密选举产生,任期五年,不得连任。不过,虽然1969年第三次改宪当时的第二共和国虽然存在了很短暂的时间,但采取的是内阁责任制;第七次改宪的维新宪法时期及第八次改宪的第五共和国时期利用的是间接选举的方式选出的总统。

韩国在制宪议会时期规定了"地方自治法",实行地方自治制度,1952年第一次组成了地方议会。1961年由于军事政变,议会被解散。此后1987年第九次修改宪法时制定了"地方自治法",1991年组成了地方议会,直到1995年地方居民可以直接选举地方自治团体的长官,此时才真正展开了地方自治的时代。2007年5月发表了"住民召回法",从7月1日开始试行。在行政处理或决策上出现严重问题时,居民可以按照程序有效地责问地方自治长官及议员的责任。这种"住民召回法"已经在美国、日本、德国、瑞士等国家实施,现在韩国也名副其实地进入了地方自治的先进时代。

如此,韩国的政治发展历经了很多挫折,国民的努力与抗争使得韩国政治即便在这种困难状况下也有了很大的发展。在权威主义政权的统治下,人们领悟到民主主义的珍贵,因此国民们的民主意识也不断成长。但要实现民主政治的真正发展,还有很多亟需解决的课题。为了实现民主主义的发展与人性化的生活,需要国民坚持不懈的努力。

2. 韩国的经济

现代社会可谓是全球化知识社会,经济社会的所有制度都可以使个人的创新性得到最大程度的发挥,国内的制度与常规也要面向世界,符合国际化的标准。因此,对内要在社会融合的基础上达到安定的成长,对外所有的制度与常规都要透明化运营,真正成为国际社会的一员。

目前韩国经济正朝着这样的方向前进。韩国在1996年末加入了OECD(经济合作开发组织),成为30个成员国中经济迅速成长的国家之一。1996年加入时韩国位列第12位,2000年上升到第10位;作为财富象征的私家车数量也在不到20年的时间内增加了约37倍。

但是国民的"生活质量"至今仍未达到发达国家的水平。韩国的GDP(国内生产总值)在OECD国家中排第10位,但人均GDP只有两万美元左右,位于第24位。另外,虽然韩国是世界前五位的汽车生产国,但每千人的汽车持有数量是256台,与墨西哥、匈牙利、土耳其等同属于下游国家。相反,每100名女孩对应的男孩出生性别率在OECD国家中是最高的,这也可以说明韩国的重男轻女思想有多么严重。还有,每100万人的年交通事故死亡者数目是198名,排在希腊之后的第二位。离婚率也很高,在30个会员国中位列第八。

而且,经济成长的另外一面也伴随着环境破坏、犯罪的增加等许多社会问题,有效治理这些问题的水平还处在很低的阶段。

21世纪世界经济的大潮流可简略为世界化、信息化及知识基础的构成。为了不落后于世界的发展大潮,韩国还需要倾注更多的努力。

3. 韩国的社会

目前,社会变化的速度非常迅速,而且变化不是在某一特定领域,而是广泛发生在多个领域。尤其是电脑及通信技术的发达给企业活动、教育、购物、休闲活动、甚至行政服务等生活的所有方面都带来了巨大的影响。

由于手机及网络的广泛普及,家庭银行、家庭购物、视频对话、远程教育等已经成为我们身边屡见不鲜的事情。

韩国的信息产业取得了耀眼的发展,网络使用人数在2006年3月超过了3000万,人均使用率高于发达国家的英国及德国。这种信息社会的变化是世界性的现象,为此韩国必须采取积极对应的态度。

另外,在1987年8月民主化抗争之后,韩国的市民意识急剧成长。同时,韩国在环境问题、女性问题、消费者保护、腐败消除等许多领域都开展了活跃的市民运动,为使社会健康地发展起到了很大的作用。

由于这些科学技术的发展,在人们享受便利、丰富生活的反面,也出现了许多副作用。例如尽管网络扩大了我们的虚拟空间,为我们提供了无限的可能性,但侵入个人私生活的可能性也很高,通过网络进行商品或金融交易时也会导致个人信息的泄露。

另外在资源开发的美名下,发生了资源逐渐枯竭及环境破坏等问题,产业化的浪潮造成了大规模的劳工集团,随之而来的劳资纠纷问题也越来越严重。经济的成长使韩国摆脱了绝对的贫困,但由于贫富差距造成的相对贫困则是亟待解决的遗留问题。更严重的问题是,经济社会的发展优先主义助长了为赚钱不择手段的歪风、金钱万能主义、炫耀性消费等不良风气。

另一方面,目前已经进入了高龄化时代的韩国正发生着新的问题。作为高龄化的副作用,第一大问题是社会发展的活力不够;另外虽然平均寿命有所提高,但健康寿命跟不上平均寿命的增值步伐,这也是一个很大的问题。换言之,韩国2006年的平均寿命是78.6岁(女性81.8岁、男性75.1岁),接近发达国家的水平。但健康寿命却只有68.6岁,这表明韩国国民平均约有10年的时间由于受疾病或各种伤痛的煎熬,无法过正常的生活。所以韩国的健康寿命在OECD的16个国家中仅列第14位。

由于社会并不只向着人们希望的方向发展变化,所以作为社会主体的韩国人民,必须不断努力以便创造出更加美好的世界。

第十课

4. 韩国的宗教

今日的韩国是个典型的宗教多元化社会。以传统的巫俗与儒教、佛教为代表,天主教、新教等外来宗教与天道教、圆佛教、大宗教等民族宗教共存,这对韩国社会的文化形成作出了很大的贡献。本篇对韩国信仰人数最多的宗教——佛教、天主教及新教进行一下简单的说明,传统的巫俗将另外讲述。

佛教开始进入半岛是在三国时代。高句丽在372年、百济384年、新罗417年佛教由中国传入。但佛教在朝鲜半岛实际上得到公认是从新罗的法兴王①15年(518年)开始的。起初佛教与固有信仰之间存在着很大的差异,通过著名的异次顿②的殉教,佛教作为国教的地位得到了认可。

韩国的佛教可分为教宗与禅宗两大类。教宗在新罗时代以涅槃宗、戒律宗、华严宗等较兴盛;禅宗也有江西禅、曹洞禅、天台宗等许多系派,目前曹溪宗是其主流。到了朝鲜时代,佛教因受到压制而一度萎缩,经过日帝的强制占领期再至解放后,佛教又有了很大的发展,目前已经成为韩国的代表性宗教。

天主教开始是17世纪初朝鲜的知识分子,尤其是南人③学者们从知识层面上进行研究,后来由于文化的变动,在反抗传统价值观、探索建立新社会的氛围下,天主教在民众中间迅速传开。这也可以说是紧跟当时的时代潮流——实学运动④的结果。

另一方面,新教是19世纪末期美国、英国、德国、意大利、俄罗斯等列强迫使朝鲜开放门户时,由于安德伍德⑤与阿潘泽勒等传教士的到来,新教在韩国社会中广泛扎根。这些传教士们致力于通过学校、医院等社会群体进行福音传播,新教尤其在知识分子中间得到了普及。

天主教与新教等西方宗教给韩国人带来的最强烈的影响莫过于一直被束缚于残酷的阶级身份制度下的民众心中被植入了"四海之内皆兄弟⑥"与人类平等的思想,这给国民们带来了巨大的感动。

佛教、天主教、新教等三种宗教势力的变化虽略有差异,但大都呈渐进的上升趋势,这三种宗教也被称为韩国的三大宗教。包含这三大宗教在内的韩国宗教团体在迎接21世纪时,成立了名为"韩国宗教指导者协议会"的常设机构,开始进行与朝鲜宗教届的交流,并进行了探索信仰生活的新方向等多种努力。

5. 韩国的巫俗

在古代,巫俗不仅仅是个人的问题,而且也参与到国家或国王的重要事务中去。巫堂经常在王国的附近待命,在国家发生不好的事情或奇异的现象时回答国王的询问,有时也会担任为国王治病、对未来

---

① 新罗第23代王(514—540年在位),即位第七年即520年宣布了律令、规定了百官的官服,致力于国家体制的确立。
② 新罗法兴王时的佛教殉教者。不顾所有大臣的反对独自主张接受佛教,后来自己情愿被处刑。死时伤口流出了白色的鲜血,出现这种异象后佛教才得到了认可。
③ 朝鲜时代四色党派其中之一。朝鲜第14代王宣祖时东人党发生了分裂,分为以李山海为中心的北人派,以及以柳成龙、禹性传等人为中心的南人派。由于禹性传的家在南山脚下,故称之为南人派。
④ 受到中国阳明学的影响,朝鲜的年轻儒学者们发动的思想改革运动。主张在整个社会实行多种改革与变化,对基督教传入韩国起到了一定的作用。
⑤ H.G.Underwood,美国传教士及教育家,被任命为早期传道士,于1894年与阿潘泽勒(Appenzeller)一起来到韩国。1887年建立了首尔新门内教会,在儆新学校设置了大学部,同时在延禧专门学校的建立上也倾注了很多精力。
⑥ 出自《论语》的《颜渊篇》,四海指全天下,意为世界上所有的人都要像兄弟一样友好相处。

作出预言等重要职责。即便在进入了科学万能时代的今天,巫俗也没有完全消失,从一般平民到高层等很多人仍会为卜卦、驱灾除恶、祈愿成功等目的借助巫党的力量,巫党仍然影响着韩国人的日常生活。

巫堂要经过哪些过程才能够"入巫"呢？患过"巫病"以后才能够接近神灵的情况较普遍。即他们某一天会患上原因不明的恶疾,通过迎接近身的神灵,疾病像洗去一样被治愈,从那时开始他们变得能够执行巫事。巫堂在执行巫事时,大都使用铃铛、鼓、镜子等巫具,这是因为人们相信这些巫具不仅可以令善良的神灵高兴,还可以起到令恶神害怕的作用。归根结底,檀君神话中出现的"天符印①"可以说是三种巫具的神圣化表现。

出现在古代记录中的巫堂有很多作用,举几个简单的例子：
(1) 气候干旱时祈求降雨的"祈雨"
(2) 拜祭三神娘娘或山川的巨岩祈求生子的"祈子"
(3) 为管理国家的王族祈福的"祈恩"
(4) 祈求家庭平安的"安宅"
(5) 祈求家人不生病、保持健康的"无病息灾"
(6) 祈求村子或地区安全的"城隍②"

等,巫堂会执行这些"祈福祭"。由于祈子、安胎、治病等都是个人行为,所以大部分在家里或特定场所进行。祈恩或祈雨祭等国家活动会非常盛大地举行。举行祈雨祭的场所多为山顶,并大都选在阴历十五日前后的吉日。

另外,以前韩国各地的山路上,都可以在大树下发现积石坛③,这就是城隍,也就是那个村子的守护神。举办城隍祭时,根据村子的贫富状况而有所不同,有的富足村落会准备充足的财物,并延续数日。

古代认为女人不能生孩子属于"七去之恶","七去之恶"即为(1)不顺父母、(2)无子、(3)淫、(4)妒、(5)有恶疾、(6)口多言、(7)窃盗,也就是说生子是妻子的本分,如果不能尽到自己的本分,那么丈夫纳妾也不能妒忌。

今天的巫俗与四柱、宫合、观相等所谓的易学内容相契合,在韩国人的日常生活中仍有着很大的影响。

6. 韩国的风水地理

风水地理说又可以简称风水说或地理说。"风水"这个词最早出现在中国的郭璞(276~324年)所著的《葬经》一书中,是"藏风得水"的缩略语。在中国汉代时与阴阳说④一起开始确立了体系,推测是在三国时代传入韩国的。

新罗的高僧道洗(827年—898年)对这些理论进行了深化和延伸。他的主张是："根据场所的不同,地理上可分为衰、旺及顺、逆四种情况。所以必须选择旺地与顺地居住,而对衰地及逆地进行改善。"所谓的风水说,是指人们认为在筑造都城、寺刹、住居及墓地时,地理上的山势、地势、水势等多种条件会决定修建人的吉凶祸福等命运,根据吉凶来判断那个位置的好坏。

风水说中还有代表东西南北的四神动物。四神指的是东青龙、西白虎、南朱雀、北玄武,具备这四神所象征的地相的地方叫做吉地或明堂。韩国的传统村落大都建立在背山临水之处,这说明风水说已经深深扎根于朝鲜民族的生活之中了。高丽王朝的王建(981年—943年在位)定都开城、朝鲜王朝的李成

---

① 在檀君神话中,桓雄下凡时天帝给的三件宝物,其内容不清楚,但推测是与风、雨、云相关的物品。
② 守护村落的神,原来是守护都城的神,但后来变身为土俗神,人们当作村落的守护神来供奉。
③ 用很多层石头堆积而成的坛。
④ 用立足于易学思想,用阴阳二元的消长来解释人类命运的理论。这与用金、木、水、火、土的变迁来解释万物的成长与灭亡的五行说结合,发展为阴阳五行说。

桂(1392年~1398年在位)从开城迁都到汉城,归根结底都是受了风水说的影响。

韩国人一向追求与自然相协调的生活,风水地理说可谓是与这种传统国土意识及思想的良好结合。今天,这种思想不仅在选择住宅或墓地时发挥着重要作用,而且还产生了"风水室内装饰"这种新词,也灵活运用于室内照明或家具摆设上。

第六章 韩国的历史散步

> 在韩国悠久的历史过程中,有光荣的一面,
> 同时也有耻辱的一面。
> 在地缘政治学上,韩国夹在大国之间,
> 所以一直受到外来势力的干涉与侵略。
> 但是充满智慧的朝鲜民族战胜了这些困难。
> 为了克服世界上唯一的分裂状态,
> 韩国国民处于迫切的期待与努力中。

第十一课

1. 古朝鲜

朝鲜半岛从何时起开始有人类生存,至今仍未有准确的答案。但根据从遗迹中发现的石斧与石刀推测,大约从公元前40万年~公元前30万年开始,朝鲜半岛上就有人类生存了。此后经过了公元前3万年~公元前2万年的中石器时代,于公元前8000年~公元前5000年左右进入新石器时代。这个时代的人们过着捕食鱼类与贝类、采集野生水果的狩猎生活。

从新石器时代的后期开始出现了农耕生活,为了储藏食物也开始制作陶器。公元前4世纪~公元前3世纪左右开始使用金属器具,开始了青铜器的使用。

这个时期的另一个特征是:以大同江、临津江、北汉江等上流地区为中心,发现了很多支石墓①的遗址。支石墓的出现说明到了这个时期,已经形成了统治者与被统治者的关系。支石墓上面的盖石长8~9米、重数十吨,不借助巨大的集体力量,是不可能完成的。

但这个时代被认为是尚未有国家的概念,国家具体是什么时候形成的也尚未确定。不过将神话传说中的檀君朝鲜、箕子朝鲜及曾经实际存在过的卫满朝鲜统称为古朝鲜,可以认为这是国家的开端。

卫满从箕准王的手中夺取了王位,并建立了古朝鲜。卫满一族经历了三代80余年间的王位继承,最后灭亡了。如此古朝鲜随着卫满朝鲜的灭亡而结束了,那时是公元前108年。

不过关于卫满到底是燕人还是古朝鲜人,研究上还存在着对立。(在韩国)现在一般将卫满看作是古朝鲜的贵族或古朝鲜系的燕人。

虽然卫满夺取了古朝鲜王的王位,但他继承了原来的国家,所以仍将他建立的国家归于古朝鲜的范畴内。

---

① 以大同江、临津江、北汉江等的上流为中心广泛分布,推测这些支石墓是公元前3世纪以前建立的。另外在洛东江、荣山江、锦江流域等地区也分布甚广,其中南方型支石墓的特征是只放一块石块在上面。

2. 檀君神话

《三国遗事》第一卷记载的檀君神话内容如下：

"天神桓因的儿子桓雄为了管理人间世界，带着三个天符印，率领风神、雨伯、云师及三千部下降落到太伯山顶。"

此处的"天符印"具体指的是什么东西我们不得而知，单从"印"这个词来推断，可以断定是代表桓雄高贵身份的证物。而且"风神、雨伯、云师"可以被认为是对人间的农事起到重要作用的技术人员。如此，桓雄一行降落在美丽的山岳绵延不断的、朝鲜半岛中部高耸的太伯山（现在的妙香山）顶上的神坛树下，并称这片神圣的土地是"神市"。然后他们开垦了长满荒草的原野，撒下种子并开始从事农业劳动。桓雄掌管着为百姓管理谷物、治病救人、教给百姓善恶之分及道德规范等与人类相关的360多种事情。

此时，在离神市不远的太伯山附近的一个洞穴里，住着一只熊与一只老虎。受到桓雄威严感化的熊和老虎有一天恳切地向桓雄表示，为了可以变成人，它们愿意修行。桓雄听到它们的恳求，给予了它们能够变成人类的机会。

桓雄说："你们要想变成人类，必须吃掉这一束艾草与20头大蒜。而且一定要记住，100天之内不能见太阳，要专心修行。"但是性急的老虎未能坚持到底，在某一天半途而废了。老虎在变成人类这件事情上彻底失败了。另一方面，熊耐心地修行着，21天后变成了一个美丽的女子。

变成人的熊女每天在神坛树下祈祷"请让我生下人类第一个男孩子吧!"桓雄被熊女虔诚的祈祷所感动，将熊女娶为妻子，俩人结成了夫妻。后来这对夫妇生下了檀君。

檀君继承了父亲的伟业，此后在平壤定都，称为"王俭城"，并将国家的名字定为"朝鲜"。据说檀君管理国家有1500年之久，后来由于周武王册封箕子为朝鲜王，檀君变成了阿斯达①的山神。

尽管我们不能得知这个神话到底有多接近历史事实，但这个故事说明了从新石器时代末期向青铜器时代发展的过程中出现了阶级的分化，统治阶级由此登上了历史舞台，并形成了与之前的时代不同的、新的社会秩序。

另外，从战国时代开始中国大陆混乱不堪，这种状况下产生了很多流民。大多数流民都进入了古朝鲜。其中也有像卫满一样的权势家，后来建立了卫满朝鲜。但公元前108年汉武帝消灭了卫满朝鲜，并设乐浪、临屯、玄菟及真番等汉四郡②，后来汉四郡的力量逐渐衰弱，公元313年乐浪郡也最终被高句丽灭亡。

3. 高句丽的历史与文化

相传，高句丽是在公元前37年建国的，其开国始祖是扶余出身的朱蒙③。根据传说，鸭绿江河神的女儿柳花因感日照而有孕，后卵生一子，即朱蒙。高句丽开始坐落于鸭绿江流域的佟佳江一带，公元427年迁都到现在的平壤。

那时高句丽的南方，即汉江流域以南的土地被辰韩、弁韩、马韩等三韩占领着。三韩分为将近80个小国，栽培大米、大麦、江南大豆等作物，饲养马、牛、猪、禽类等，同时还养蚕。其中弁韩已开始生产制造铁，铁在物物交换的年代是非常贵重的物品，出口到辰韩、马韩以及中国与日本。

高句丽历代的王中当属第17代小兽林王(371年—383年在位)、第19代广开土大王(391年—412年

---

① 檀君从天上降临时，初定为首都的土地的名字。
② 汉武帝于公元前108年消灭了卫满朝鲜，并在卫满朝鲜的土地上设乐浪、临屯、玄菟及真番等四郡。每个郡根据汉的郡县制设置许多属县。其后经过了多次撤并，最终被高句丽合并。
③ 扶余王解慕漱的儿子。从小就聪明、擅用弓箭。带素等他的七个兄弟因猜忌他的才能而想置之于死地。公元前37年南下卒本，建立了高句丽。

在位)及第20代长寿王(413年—491年在位)最为后人知晓。372年,前秦王苻坚命僧侣顺道携带佛经与经论来到高句丽,小兽林王也派遣使臣到前秦以表谢意。在各地修建寺院并建立太学①,与佛教一起也开始实施儒教的教育,为建立律令国家打下了基础。另外,375年修建肖门寺,命顺道为主持。后来又建立了伊弗兰寺,命同样来自前秦的僧侣阿道为主持,为佛教的广泛传播作出了贡献。

广开土大王由于极大地开阔了领土、使高句丽达到了全盛时期而为人所知。公元400年燕国的慕容熙攻入高句丽,405年与406年也遭到了燕国的几次攻击,广开土大王率军勇猛地击退了进攻者。另外,400年日本入侵新罗,他派遣5万步骑兵帮助新罗抵挡了日本的侵略。就这样,广开土大王在位的22年间,在四方极大地扩张了领土。广开土大王死后,其子长寿王为其修建的广开土王碑②也广为后人所知。

长寿王一即位就继承了其父的遗志,与晋、宋、魏等国建立了友好的关系,并将都城从通沟迁到了平壤,大力推进南下政策。而且于公元475年,亲自带领大军攻陷了百济的首都汉城,百济的盖卤王也被他所杀。他还于480年攻克了新罗北部,占领了孤鸣城等7座城池。如此极大地扩张了高句丽的领土,领土囊括了南部从牙山湾到竹岭,西北部从辽河到南满洲的大部分地区,构筑了高句丽的全盛时期。此外,他还将历来实行的部族制度改为新的地方制度,建立了五部,在行政方面也留下了很多业绩。

第十二课

4. 百济的历史与文化

一般认为,公元前18年百济建国。据传,百济王族的祖先来自北方的扶余,高句丽始祖朱蒙的儿子温祚与其兄沸流移居到汉江西岸,在现在的首尔一带建立了百济。

佛教传入百济大约在384年,当时中国处于东晋时代,僧侣的往来不仅可以促进广泛的文化交流,还能起到传达许多国家情况的作用。

百济于3世纪中叶建立了集权制国家的体系。古尔王(234年~286年在位)时期制订了官制与法令,此后4世纪后期的近肖古王(346年~375年在位)时期扩张了领土,向南接收了马韩的大部分领土,领土可到达南海岸。往北攻打高句丽,使高句丽的故国原王战死。另外,近肖古王明确了父子相续的王位继承制,并令博士高兴撰写了名为《书记》的百济史书。

百济于475年将都城迁到了南方的熊津(现在的公州),此时百济的重心由汉江流域移到锦江流域。但百济持续受到高句丽与新罗政治上的倾轧,于是不断请求中国的隋朝和唐朝出兵高句丽及新罗。但它的外交努力非但没有取得任何成功,反而招来了中国势力的介入。此时,新罗采取两面作战的策略,向中国的新王朝唐缴纳供奉;而高句丽则屈服于隋朝的要挟之下。后来唐朝与新罗的共同作战给百济带来了重大的影响。

百济是三国中与日本交流最多的国家。其中还有第25代武宁王(501年~523年在位)出生于日本的传说,他一登上王位就派遣五经博士出使日本,致力于建立与日本的亲密关系。他的儿子圣王(523年~554年在位)由于积极传播佛教,而被日本人所知。《三国史记》记载,圣王"智慧与见识非凡,处事有决断力。精通天文地理,名扬四方"。但他无视同盟关系而向新罗施压,最终在与新罗的管山城之战中败亡。

---

① 小兽林王2年(372年),参照前秦的制度设立的中央教育机构,是只招收上层统治阶级子弟的贵族学校及国立学校。
② 位于中国集安县通沟的广开土大王的业绩碑。这座碑石建立的时间是广开土大王死后的第二年即414年,于1875年被世人发现。碑高6.27米,非常巨大。碑石上用隶书刻着1775个汉字,其内容由三部分组成。第一部分记录着王的出生、经历及高句丽的建国神话、王的业绩等。第二部分记录着王的功勋,这一部分约占碑文的一半左右。第三部分是与王的墓地相关的记录。其中对于第二部分的碑文,韩国学者李进熙的"碑文石灰涂抹说"认为碑文遭到了日军用石灰涂抹和篡改,此外还有多种意见。

后来,百济与高句丽联合对新罗采取强硬政策,于642年成功夺回了1世纪之前的旧伽倻地区。但唐以百济拒绝了其要求为借口,于660年联合新罗攻陷了百济的首都泗沘城(扶余),之后前首都熊津城(公州)也遭陷落。义慈王及太子隆被俘虏押解到唐之后,百济灭亡。

百济灭亡后,当时住在日本的义慈王的儿子丰璋怀着强烈的复国梦,打算在日本的援助下复兴百济。为了帮助百济复兴,日本两次派遣援军,但都被新罗与唐朝的联合军队击败①。

如此,新罗在唐的紧密协助下彻底消灭了百济,后于668年灭亡了高句丽。然后便进入了统一新罗时代。

5. 伽倻的历史与文化

伽倻位于现在的庆尚道洛东江下流地区,由六个小国家组成,这六个国家很早就结成了同盟,形成了一股独立的势力。这些国家有很多名字,其中由本伽倻发展而成的伽倻国势力最为强大,其始祖就是有名的金首露王。

据传说,公元42年3月,用紫绳捆扎的、红色包袱皮包裹的六个金卵突然从天而降。这六个卵中金首露王最先孵化成人,成为驾洛国的始祖。逐渐孵化出的另外五人也在周围建立了其他的国家,各自为王。这就是"六伽倻"的建国神话。

关于伽倻的建国神话,还有其他几种有趣的说法,不过都体现了伽倻的国际性特点。后来成为新罗第四代王的脱解的故事也是其中的一个传说。

有一天,一个身高9尺、头围3尺的怪人站在首露王的宫殿前大声喊"我是为王位而来的脱解,老老实实把王位交出来,不然就和我较量较量……"。对此,首露王严肃地回答道:"本王是受天命而登上王位的,所以不能把全国百姓的命运交给一心贪图富贵的人。"如此,两个人展开了力气的较量。

首先脱解变成了一只苍鹰,一飞冲天。首露王看到之后变成了秃鹫,追在苍鹰后面。然后脱解变成为麻雀,而首露马上变成了海东青紧随其后。这虽然是瞬间发生的事情,但脱解马上意思到首露王比自己更加优秀。

于是脱解恢复了本来面目,臣服在首露高超的变身术与威严下,他马上来到海边乘船离开了伽倻的土地,驶向了新罗。

另外,相传有一天,首露王对大臣们说:"今天是王后到来的日子,你们用轻便的船载着善驰的骏马,去往南海边的望山岛,隆重地欢迎王后一行。"

大臣们飞快地到了那个地方,看到西南方向驶来了一艘飘舞着红色旗帜的船,上面乘坐着端庄优雅且气质高贵的王后。她是阿踰陀国(印度的一个国家名)名叫许黄玉的美丽公主,年方十六。首露王将她立为王妃,并专心地统治国家。

伽倻作为国际间的海上交通要道,处于十分有利的地理位置,所以海上活动非常频繁。往南与日本有频繁的交流,尤其用发达的制铁技术制造而成的盔甲、马具、环头大刀等是非常受欢迎的交易品。另外,日本接受了伽倻的陶器制造技术,开始生产与须惠器②相似的优质陶器。

伽倻从很早以前就有发达的艺术,人们非常喜爱音乐与舞蹈。他们发明了由12弦制成的伽倻琴③,后来传到新罗,发展为韩国主要的传统乐器。但位于百济与新罗夹缝中的伽倻由于两国的角逐,很大程度上阻止了其政治、经济的发展,最终在新罗的强压下被新罗合并了。

---

① 663年为了拯救摇摇欲坠的百济,日本派出军队,但在白忖江(锦江)战斗中大败,结果导致了百济的彻底灭亡。日本将其称为"白忖江之战"。
② 采用轮制和窖窑技术,用还原焰烧成的灰黑色的硬陶器。(译者注)
③ 韩国传统乐器,是伽倻国的嘉实王命令乐师于勒首次制成的。

6. 统一新罗的历史与文化

据传,新罗的始祖朴赫居世是卵生,他出生于杨山山顶一口叫萝井的井边。虽然新罗的建国可以追溯到公元前57年,但一直是未确定正式国家名称的状态。直到公元503年,群臣集会,取了"德业日新"的"新"与"网罗四方"的"罗"两字,定国号为"新罗"。

新罗在朝鲜半岛上存在的时间最长,约有近千年的历史,要想将新罗的历史简单地整理出来并不是一件容易的事情。一般可以将新罗的历史分为①原始部族时期(公元前57年—356年)、②氏族国家成立时期(356年—514年)、③王权确立时期(514年—654年)、④王权最盛时期(654年—780年)及⑤王权衰退时期(780年—953年)等五个阶段,其中④与⑤相当于统一新罗时期。

在新罗的整个历史中,第23代王法兴王(514年—540年在位)与其后的真兴王(540年—576年在位)时代是新罗王朝的最鼎盛时期,其领土可达到现在的咸镜南道附近。另外,趁势合并了百济与高句丽、完成了统一大业的第29代武烈王及其后的文武王时代也值得瞩目。这个时期中央的官制得到整顿,土地制度、官制、学术、文艺等很多方面取到了巨大的发展。通过今天庆州周围的王陵及遗迹中发现的遗物,可以了解当时新罗的美术和艺术发展水平。

佛教在新罗扎根也是这个时期的事情,佛教的扎根过程经历了很多波折。"异次顿的殉教"就是广为人知的例子。前面也有所提及,前秦的阿道将佛教引入了朝鲜半岛,佛教开始传播时,所有的朝臣都激烈地反对接受佛教。只有一个叫异次顿的人主张应该完全接受佛教的真理。结果王阻止不了持反对意见的众臣,终将异次顿处刑。异次顿临死时异常平静,他说:"我为法就刑,佛若有神,吾死必有异事。"

据说异次顿遭斩首时,从伤口流出了白色的血液,天空瞬间变得漆黑一片,并下起了花瓣雨。异次顿的殉教说明在新罗,到了法兴王时代,佛教才真正得到了公认。

新罗的身份制度森严,其身份制度也叫做"骨品制度"。此书的"骨"和"品"是根据血统规定的社会身份制度。即王族分为圣骨与真骨,贵族从六头品到四头品,平民从三头品到一头品,贱民则不包括在内。很多人认为,新罗的骨品制度受到了日本姓氏制度的影响。

新罗从施行骨品制开始,中央的贵族只顾自己享乐,根本不关心地方民众。而且地方发生骚乱时,中央也没有相应的解决手段。所以景哀王①被甄萱杀害时,新罗的王族和贵族也只能束手无策。公元953年10月,敬顺王决定归顺高丽,新罗千年的历史就这样落下了帷幕。

第十三课

7. 高丽时代与国际关系

高丽的太祖王建登上王位后,实施了一系列强化王权的政策。首先减少赋税的负担以安定民心,崇尚佛教,为了延续高句丽的精神还实行了北进政策。而且,为了拉拢地方豪族的势力,制订了与豪族的女儿通婚的婚姻政策,并立新罗的末代王——敬顺王的堂妹为王后。

通过实行这些政策,高丽成为了强大的中央集权国家,所有的权力都集中在王室。身份制度分为良民与贱民两个阶层,良民中的中间阶层一部分人可以成为军人或担任官职,但高丽社会归根结底也是贵族社会。

高丽时代的佛教界由贵族占领了寺院的最高职位,导致大寺院拥有相对于中央集权之外的一定独立性,甚至具有免除赋税的特权。

---

① 新罗第55代王,在新罗末的混乱时期即位,由于王建、甄萱等强大势力的压制,未能有国王的威严。927年在鲍石亭大摆筵席,受到甄萱的袭击而自杀。

讲到高丽时代的艺术，首推高丽青瓷。高丽青瓷受到了佛教的重大影响，很多青瓷上表现出禅道与仪礼两种精神共存于一体的情况。这在中国和日本都广为人知。

根据镶嵌装饰手法的有无，高丽青瓷可以分为两大种类。首先，12世纪前半期之前的青瓷无镶嵌装饰，大都是模仿宋朝的青瓷而制成。相反，有黑色或青色镶嵌装饰的作品是12世纪后半期之后的，可认为是高丽陶工自己研制的。

这个时代的陶器除了缸之外，还有香炉、碟子、小瓶、酒杯等很多种类。另外还有装饰用陶瓷，其形态多为乌龟、龙、猴子、鹅、雁、鱼等多种动物的形象，此外还有葫芦、白莲花、竹笋等植物形象，其种类多种多样。

高丽的青瓷制造由于佛教崇尚政策而非常活跃，这个时期可谓是佛教在韩国历史上最为灿烂华丽的时期。高丽青瓷在邻国中国及日本也非常出名。

高丽时代的国际关系是与大陆的无休止斗争。高丽曾受过契丹族的攻击，也曾经征伐过女真族。其中从13世纪初开始蒙古的入侵真正动摇了高丽社会的根基。蒙古以1225年其使臣在高丽被暗杀为借口，于1231年攻入了开城。而且蒙古军数次侵略高丽，但高丽王朝本身并无有效的应对之策。每次王室都到江华岛避难，有时会将太子送作人质。最后，江华岛修建的城堡被摧毁之后，高丽完全处于蒙古的支配之下了。

此时，无法忍受如此屈辱的三别抄①军发动了对王权的叛乱。叛乱军在珍岛与济州岛与官军展开了对决，高丽王朝自身的力量无法将其镇压，故依靠蒙古军对其讨伐。从那时开始，高丽王朝不得不事事听从蒙古的吩咐。

后来蒙古建立元朝以后，曾动员高丽出动船只与士兵，于1274年和1281年两次征讨日本，但由于日本的顽强抵抗与遭遇台风而远征失败②。

1369年中国出现了新的明王朝，明朝对高丽施加压力，声称要继续统治蒙古军曾占领过的区域。高丽为了粉碎明朝的这种阴谋，命李成桂为指挥官带领军队远征辽东。但李成桂在威化岛调转矛头，废除了高丽王朝，自己登上了王位。如此，王建在918年用武力建立的高丽王朝也最终灭亡于武力之下了。

8. 朝鲜时代与对日关系

李成桂于1393年建立朝鲜之后，第二年将首都从开城迁到了汉阳，并开始着手行政机构的改编。

朝鲜时代的社会体系除了王族与其亲族之外，还可以分为两班、良民、贱民三部分，要想成为官吏，原则上必须要在科举考试中及第。佛僧在朝鲜朝初期仍占据着重要的地位，但朝廷开始大力普及儒教道德之后，开始限制寺院的经济实力、轨范许多佛僧的不当行为或不良品行，从而使佛僧的影响力越来越小了。

朝鲜朝时期划时代的业绩之一是1446年韩字的发明。韩字是在世宗（1418年—1450年在位）的训令下研制而成的，取"教百姓以正确字音"之意，命名为"训民正音"。韩字发明之后，朝鲜语的每个音节都可以用文字表现出来，人们再也不用依靠长久以来的吏读③体系了。

虽然制陶术在高丽时代已经有了飞跃性的发展，但进入朝鲜时代之后，比起高丽青瓷来，有浮雕装

---

① "别抄"意为"由勇敢的武士们组成的选拔军队"，权臣崔瑀以备盗为名建立的"夜别抄"为其最早的由来。由"左别抄"、"右别抄"及"神义军"三部分构成，合称"三别抄"。后来随着崔氏政权的没落而解体。
② 1274年元朝与高丽的联军以及1281年元朝、高丽与南宋联军曾攻打日本。但由于日本军队的顽强抗争与当时遭遇台风，导致征战失败无功而返。
③ 借用汉字的音与义表示韩国语的形式，传说是新罗人薛聪首创，但并无确定的证据。

饰的白瓷更受欢迎。镶嵌装饰的螺钿漆工艺品也有了飞跃性发展。

另一方面,这个时代的国际关系中壬辰、丁酉倭乱①是最重大的事件。丰臣秀吉在战国的战乱中统一了日本全土,于1591年表达了借道朝鲜攻打明朝的意愿,遭到朝鲜王朝的拒绝后,他于1592年、1597年两次共派遣30万远征军侵入朝鲜。

由于这两次侵略,朝鲜完全变成了一片焦土,耕地减少为原先的三分之一,死伤者不计其数。侵略者还将朝鲜大多数的陶工都押解到了日本,这些陶工大部分都居住在九州各地。他们在俘虏身份的苦痛中煎熬,也组成了自己的共同体。直到今日,其后代子孙还传承着400多年前祖上传下来的制陶技能。

日本的侵略军由于明朝的援军、朝鲜军队及全国各地义兵的抗击而失败。其中水军的李舜臣将军发明了龟甲船②,给了日本舰队致命的打击。

壬辰、丁酉倭乱结束后,日本进入了德川时代,朝鲜与日本又维持了非常友好的关系,这通过朝鲜通信使的往来可以证明。从1607年到1811年,朝鲜先后派出12次通信使往来于朝鲜与日本之间。他们极大地促进了朝鲜与日本之间的文化交流。

朝鲜时代后期,虽然也出现过指向近代社会的发展态势,但由于经济的持续不景气、无休止的政治纷争,以及来自邻近国家的威胁等使得朝鲜危机四伏。发生了1884年金玉均、朴泳浩等的政变③、东学革命(1894年)④、甲午中日战争(1894年—1895年)及日俄战争(1903年—1905年)之后,朝鲜半岛完全变成了日本的个人舞台。如此,朝鲜在缺乏有力支援的情况下,最终于1910年被日本吞并了。

---

① 从1592年到1598年历经7年的日本侵略战争。日本分两次共派出30万大军,战争将朝鲜半岛完全变成了废墟,死亡数十万人。
② 壬辰倭乱时李舜臣将军制造的铁甲船。在玉浦、唐浦、闲山岛、釜山、鸣梁等海战中发挥了重要的作用。
③ 指的是1884年金玉均与朴泳浩等开化党人发动的甲申政变。结果政变在三日内即转向了失败,金玉均一党流亡日本,后在中国被杀害。
④ 1894年以东学教徒为中心发动的农民革命。为反抗全罗道古阜郡守赵秉甲的暴政,全琫准率先起义,后来波及到全国。结果朝廷不能独力镇压,导致了清朝与日本势力的介入,这就是甲午中日战争的导火线。

附录二

1 한국의 생활예절 (韩国的生活礼节)

(1) 인사를 나눌 때 问候时

　　每个国家的语言中都有"问候"的表现,根据各国历史与生活习惯的不同而稍有差异。例如在英语和日语中,早上、白天、晚上问候的话各不相同,但在韩国都是一样的。

　　而且,韩语的敬语体系发达,根据对方年龄或家庭地位的不同,问候的表达也不尽相同。下面是具体的例子。

▶ 처음 뵙겠습니다. ～이라고 합니다. 잘 부탁합니다.
　　初次见面。我叫～。请多多关照。

初次见面问候对方时,这几句话是最常用的。对方也可以用同样的表达来问候。此外,有时还会加上"존함은 잘 듣고 있습니다(久闻大名)"或"진작 뵙고 싶었습니다(久仰久仰)"等话。

처음 뵙겠습니다. 김 영수입니다. 잘 부탁합니다.　　初次见面。我是金永秀。请多多关照。
처음 뵙겠습니다. 마쥬라고 합니다. 잘 부탁합니다.　　初次见面。我叫小泽。请多多关照。
김 선생님 존함은 잘 듣고 있었습니다.　　久闻金先生的大名。
저도 마 선생님을 진작 뵙고 싶었습니다.　　马先生您好,久仰久仰。

▶ 안녕하세요? **혹은** 안녕하십니까?
　　你(您)好! **或** 您好!

这是日常生活中最基本的问候语,不管是早上、白天还是晚上都可以使用。此外,好不容易才见面时会说"오래간만입니다(好久不见了)"这样的话,对亲密的人或比自己年纪小的人可以说"오래간만이야 잘 있었어(好久没见,过得好吗)?"这样的话。

最近几年,公司的上班族在早上上班的时候,彼此会问候"좋은 아침입니다(早上好)",采取西式的打招呼方式。

안녕하세요? 김 선생님, 오래간만입니다.　　您好! 金先生,好久不见了。
안녕하십니까? 스즈끼 씨, 정말 오래간만이에요.　　您好! 铃木先生,真是好久没见了。
요즘 어떻게 지내십니까?　　最近过得怎么样?
예, 덕분에 잘 지내고 있습니다.　　是,托您的福我过得很好。

▶ 안녕히 주무세요. **혹은** 편히 쉬세요.
　　祝您晚安。**或** 请好好休息。

这是在家中就寝时说的问候语。大人对小孩,或长辈对晚辈也可以说"잘 자(好好睡)"。

아버지, 안녕히 주무세요.　　爸爸,祝您晚安。
그래, 잘 자.　　嗯,好好睡。
어머니도 편히 쉬세요.　　妈妈也请好好休息。
그래, 너도 잘 자. 내일은 일찍 일어나야지?　　好,你也好好睡。明儿得早起吧?

▶ 안녕히 가세요. **혹은** 안녕히 계세요.
　　请慢走。**或** 请留步。

这是分手时说的话,前一句是送客者所说的,后一句是离开者所说的话。有时还会加上"몸조심하세요(请注意身体)"或"~에게 안부 전해주세요(请向~问好)"这样的话。朋友之间或大人和小孩分手时,只说一句简单的"안녕(拜拜)"就可以了。分手时,也会说"다음에 또 만납시다(下次再见吧)"或"또 뵙겠습니다(下次再见您)"这样的话。

在韩国,见面或分手时有时会互相握手,此时韩国人会双手抓住对方的手,可能经常会使外国人很慌张,但其实是韩国人对对方表示尊敬的习惯。

안녕히 계세요.	请留步。
조심해서 안녕히 가세요.	请小心慢走。
그럼 또 만나요.	那再见吧。
예, 그렇게 합시다. 몸조심하세요.	好,就这样吧。请注意身体。

▶ 감사합니다. **혹은** 고맙습니다.
　谢谢。**或** 谢谢。

这是表示感谢的话,如果在前面加上"대단히(非常)",则表示感谢的意味得到了强调,变成一种更谦逊的表达。对这样的感谢回答要用"별 말씀을(别客气)"或"천만에요(没关系)",来表示谦让。

대단히 감사합니다.	非常感谢。
별말씀을요. 또 오세요.	别客气,欢迎再来。
어제는 대단히 고마웠습니다.	昨天真是非常感谢。
무슨 말씀을. 별일 아닌데요, 뭐.	客气什么,没什么的。

(2) 식사를 할 때　进餐时

近年来,饮食文化也开始国际化与世界化,我们经常会接触到世界各国的饮食。饮食不同,饮食礼仪也不同,例如吃西餐时要用叉子与匙子,而吃中餐时则只能用筷子。在吃韩国传统食物时,还需要了解韩国的饮食礼仪。下面是对饮食相关的几种基本说法及礼仪的解释。

▶ 자, 어서 드세요.
　来,请用餐。

劝对方吃饭或进餐时用的话。此时也会加上"변변치 않습니다만(招待不周)"或"별로 차린 것도 없습니다만(没什么招待的东西)"这样的客气话。

자, 어서 드세요. 변변치 않습니다만.	来,请用餐。招待不周。
아이고. 정말 맛이 있겠네요.	哎哟,肯定会很好吃啊。
별로 차린 것도 없습니다.	没什么招待的东西。
아주 훌륭한 요리입니다.	真是非常可口的饭菜。

▶ 잘 먹겠습니다.
　那我不客气了。

虽然现在韩国的饭碗或汤碗多为瓷器或塑料制品,但原先大都是铜器或钨器等金属制品。所以吃饭时不把饭碗或汤碗端在手里,而是放在桌上吃。另外勺筷(勺子和筷子)也是金属制成的。用勺子舀饭或汤,用筷子夹菜吃。需要注意的是,不能双手同时拿着勺子与筷子,吃菜时必须将勺子放在饭碗上,用筷子夹菜。吃完之前,不能将勺子放在桌子上。而且吃饭时也要注意不能用勺筷敲打桌子或者相互碰撞发出声音。

이 생선 드셔보세요.	请吃这条鱼。
예, 잘 먹겠습니다.	是,不客气了。
맛이 어떻습니까?	味道怎么样?
아주 맛이 좋습니다.	非常好吃。

▶ 잘 먹었습니다. 혹은 맛있게 먹었습니다.
　我吃好了。 或 很好吃,我吃饱了。

吃完饭后,将勺筷并排放在桌上,并说上面的话。假如勺筷仍然放在饭碗或菜盘上,则很容易被认为还没有吃完。

자, 많이 드셨어요?	那,您吃饱了吗?
예, 잘 먹었습니다.	是,我吃好了。
사양하지 마시고 더 드세요.	别客气,多吃点。
아니, 맛있게 많이 먹었습니다.	不,很好吃,我已经吃饱了。

(3) 술을 마실 때　喝酒时

喝佐餐酒或喝酒时,有几项需要注意的问题。首先给对方倒酒时,不能用左手拿酒瓶。尤其给长辈倒酒时要用双手拿着酒瓶恭顺地倒满,接受别人倒酒时要用右手拿杯,左手在下方托着。

酒杯里还有剩余的酒时,韩国人一般不继续倒酒。那是因为在祭祀时有"添酒"这道程序,于是在日常生活中也产生了忌讳添酒的习惯。

而且,在长辈面前喝酒时,不能与长辈面对面把酒喝下去,而是要稍微将脸转向一旁。另外,韩国人不在长辈或老师面前抽烟。这是由于从前的人们使用的是长烟袋,在长辈面前做这样的行为被认为是失礼的缘故。

술은 무엇으로 하시겠어요? 맥주로 하시겠어요, 혹은 소주로 하시겠어요?	您要喝什么酒? 啤酒还是烧酒?
예, 맥주로 하겠습니다. 술은 잘 못합니다.	是,喝啤酒吧,我酒量不行。
자, 그러면 잔을 드세요.	那,请您端起杯子。
예, 조금만 주십시오.	是,倒一点就可以了。

(4) 대화를 할 때　对话时

韩国人喜欢与别人谈话,但不欢迎事事插嘴的人。所以在与韩国人进行对话时,不要只是自己大讲特讲,而需要持有倾听对方说话的礼貌。

在回答别人的问题时,有时会将肯定或否定的态度表达得很清楚,不好区分是肯定或否定回答时,可使用适当的感叹词稍微转换一下话题,然后将对话继续下去。

另外,对话是彼此传达意识或心意的重要手段。所以太过强调自己的主张,有可能会给对方的心灵带来伤害。尤其是韩语的敬语表达非常微妙,敬语的不同用法可以表现一个人的身份及教养。

下面对应答的要领、进行对话的过程中产生的多种事例,即对主张、道歉、反问、劝诱、希望等表达方式进行简单的举例说明。

① 응답/应答

▶ 예, 그렇습니다.
　是, 是那样的。

一般的肯定回答, 此时也有人会使用"是"这个词。当然很多时候也可以只说"예(是)"或"네(是)", 而将"그렇습니다(是那样的)"省略。

한국에 처음 오셨습니까?	您第一次来韩国吗?
예, 그렇습니다. 어머니와 같이 왔습니다.	是, 是那样的。我和母亲一起来的。
언제 오셨어요?	您什么时候来的?
일주일 전에 왔습니다.	一周前来的。

▶ 아니요. **혹은** 아닙니다. 그렇지 않습니다.
　不。 **或** 不是, 不是那样。

一般的否定回答, 与肯定的回答一样, 可以将"그렇지 않습니다(不是那样)"省略。

회사에 다니십니까?	您在公司上班吗?
아니요. 학생입니다.	不, 我是学生。
고등학교에 다니세요?	您是高中生吗?
아닙니다. 대학생입니다.	不是, 我是大学生。

▶ 글쎄요. **혹은** 글쎄올시다.
　是啊。 **或** 可不是嘛。

对别人的问题不能作出肯定或否定的清楚回答, 即问题的内容有点难或不能立即对问题作出回答时, 哑口无言或默默无语也不合适, 所以要先说出这种感叹词, 再将对话延续下去。这可谓是对话时非常重要的要领。此处的"글쎄요(可不是)"是比"글쎄올시다(是啊)"稍微古老一点的表达方式, 年轻人一般不用。

언제 또 오실 예정입니까?	您打算什么时候再来呢?
글쎄요. 아직 잘 모릅니다.	是啊, 还不清楚呢。
이 글의 뜻을 아시겠어요?	您知道这篇文章的意思吗?
글쎄요. 잘 모르겠습니다.	是啊, 不太清楚。

② 주장/主张

▶ ~(을) 것입니다.
　会~。

这是表示推测的一般表达方式, 有时也表示轻微的主张。女性更多用"～일 거예요(会~的)"这种表达方式。

다음 모임에 참석하시겠어요?	您会参加下次聚会吗?
아니요, 그 모임에는 가지 않을 것입니다.	不, 我不会去参加那个聚会。
김 선생은 어떻습니까? 그는 참석하겠습니까?	金先生怎么样? 他会参加吗?
아니요, 그도 오지 않을 거예요.	不, 他也不会参加的。

▶ ~(이라) 생각합니다.
　认为~。

这是表达自己意志的最普遍用法。但假如重复使用这种表达方式，话语就失去了干净利落的味道，而变成硬邦邦的表达方式。

그 문제에 대해서는 저는 이렇게 생각합니다.	对于那个问题我是这样认为的。
그것은 매우 좋은 일이라 생각합니다.	我认为那是很好的事情。
그렇다면 그 일에 대해서 찬성하시는 것입니까?	那么说您会赞成那件事吗？
그렇게 하는 것이 좋다고 생각합니다.	我认为那样做很好。

③ 사과/道歉

▶ 미안합니다. 혹은 죄송합니다.
　对不起。或 对不起。

表达道歉时，最普遍的用法是前者，不过为了表示更为谦逊，则会使用后者。亲近的人之间会简短地说"미안해요(抱歉)"。

시간이 좀 늦었군요?	时间有点晚了吧？
미안합니다. 길이 좀 막혔어요.	对不起，路上有点堵。
지하철로 오셨어요?	您乘地铁来的吗？
아닙니다. 버스를 탔었어요. 죄송합니다.	不是，我坐公共汽车来的。对不起。

④ 반문/反问

▶ 그래요? 혹은 그렇습니까?
　是吗？或 是那样吗？

对某事有轻微的疑问或觉得无法相信时使用的表达方式。

윤희 씨가 입원했다는 것 들었어요?	你听说尹熙住院的事情了吗？
그랬어요? 언제 입원했습니까?	是吗？什么时候住院的？
일주일동안 입원했다가 어제 퇴원했답니다.	住了一个周，昨天出院了。
그랬군요. 고생을 했겠어요.	那样啊，肯定受了不少苦吧。

▶ 뭐라고요? 혹은 뭐라(고) 하셨어요? 혹은 정말입니까?
　你说什么？或 您说什么？或真的吗？

没听清对方的话或不敢相信时使用的表达方式。

저는 그 일에 대해서 동의할 수 없습니다.	我不同意那件事情。
뭐라고요? 동의할 수 없다고요?	你说什么？不同意？
그렇습니다. 이 선생님도 저와 같은 의견입니다.	是那样的，李先生和我的意见一致。
뭐라 하셨어요? 이 선생도 반대라고요?	您说什么？李先生也反对？

⑤ 권유/劝诱

▶ ~(합)시다.　혹은　~(하)지 않겠습니까?
　　我们~吧。　或　不~吗?

　　前者是劝诱别人和自己一起做某事时最普遍的直接表达方式,后者是委婉的间接表达,含有一丝谦让的意味。另外,为表示谦让,还有"~(은) 어떨까요?(~怎么样?)"这种表达。

내일 아침 일곱 시에 만납시다.	我们明天早上七点见面吧。
일곱 시라고요? 너무 빠르지 않습니까?	七点? 不是太早了吗?
그러면 일곱 시 반으로 하면 어떨까요?	那么改成七点半怎么样?
그것이 좋겠어요. 그 시간으로 합시다.	那样比较好,就定七点半吧。

⑥ 희망/希望

▶ ~(하)고 싶은데요.　혹은　~(하)고 싶습니다.
▶ ~(하)면 좋겠습니다.　혹은　~(으)면 합니다.
　　想~呢。　或　想~。
　　~就好了。　或　希望~。

　　是表达自己的希望时普遍使用的表达方式。"(하)면 좋겠습니다(~就好了)"这种表达也经常被使用。

식사는 무엇으로 하시겠어요.	您想吃什么?
나는 비빔밥을 먹고 싶은데요.	我想吃拌饭呢。
일본 요리로 하는 것이 어떻겠어요?	吃日本料理怎么样?
예, 그것이 좋겠어요.	是,那样就好了。

2 주요 관용어의 용법 (主要惯用语的用法)

惯用语是用两个以上的单词连接起来表示特殊含义的表达方式,但它不像格言或谚语一样带有历史意义或教育意义。然而,作为日常生活中频繁使用的话语,如果可以恰当地运用惯用语,不仅可以增加谈话的说服力,而且还能给人一种干练的感觉。

1 가랑이가 찢어지다　步履维艰
　　의미　남을 함부로 따르다가 자신의 처지가 나빠지다
　　含义　乱跟风,导致自己处境困难。
　　용례　과소비의 들뜬 풍조에 없는 놈 가랑이가 찢어지네.
　　例句　没有跟随超前消费风气的那个家伙居然也步履维艰了。

2 가뭄에 콩 나다　旱天长豆子
　　의미　매우 드물다
　　含义　非常少见
　　용례　그런 일은 가뭄에 콩 날 정도로 드문 일이야.
　　例句　那种事真是旱天长豆子,不常见啊。

3 가슴에 새기다　铭记在心
　　의미　잊지 않고 기억하다
　　含义　没有忘记,记住。
　　용례　나는 선생님의 말씀을 늘 가슴에 새기고 있다.
　　例句　我一直将老师的话铭记在心里。

4 가슴에 손을 얹다　手搁在心口上
　　의미　잊지 않고 기억하다
　　含义　没有忘记,记住。
　　용례　가슴에 손을 얹고 생각해 봐.
　　例句　你把手搁在心口上,仔细想想这件事。

5 가슴이 덜컹하다　心扑通扑通
　　의미　놀라거나 몹시 충격을 받다
　　含义　吃惊或受到冲击
　　용례　길을 가다 빚쟁이와 마주쳐서 가슴이 덜컹했다.
　　例句　走着走着遇到了债主,心扑通扑通的。

6 가슴이 찡하다　心酸
　　의미　매우 감동하다
　　含义　非常感动
　　용례　아버지가 어릴 때의 고생하신 이야기를 듣고 가슴이 찡하는 것을 느꼈다.
　　例句　听到父亲小时候受苦的故事,我感到一阵心酸。

7 가슴이 터지다   心脏爆裂
   의미   슬픔이나 회한으로 마음이 답답하다
   含义   由于悲伤或悔恨而心情郁闷
   용례   그놈에게 당한 것을 생각하면 가슴이 터진다.
   例句   想到他对我做的事情, 我就心脏爆裂似地不爽。

8 고개를 떨구다   垂头
   의미   낙담하다
   含义   沮丧
   용례   선생님의 꾸지람을 듣고 학생은 고개를 떨구었다.
   例句   听到老师的责备, 学生沮丧地垂下了头。

9 고개를 흔들다   摇头
   의미   거부하다, 부인하다
   含义   拒绝, 否认
   용례   그 사람의 이야기만 나오면 동료들은 고개를 절레절레 흔들었다.
   例句   一说到那个人, 同事们都纷纷摇头。

10 골치를 앓다   脑袋疼
   의미   (어떤 일을) 해결하기 어렵다
   含义   (某事)解决起来很困难
   용례   그 문제의 처리를 둘러싸고 해당부서에서는 골치를 앓고 있다.
   例句   关于那个问题的处理, 相关部门非常头疼。

11 골탕을 먹다   吃苦头
   의미   크게 곤란을 당하다, 큰 손해를 입다
   含义   遇到大的苦难, 吃大亏
   용례   괜히 잘 모르는 증권에 손을 대어 골탕을 먹었다.
   例句   买了不了解的证券, 却吃了大亏。

12 구린내가 나다   有蹊跷
   의미   수상쩍다, 의심스럽다
   含义   蹊跷, 可疑
   용례   공연히 변명만 늘어놓고 있는 것을 보면 좀 구린내가 나는 것 같다.
   例句   看他平白无故地罗列一大堆理由, 好像是有点可疑。

13 국수를 먹다   吃面条
   의미   결혼식을 올리다
   含义   举办结婚仪式
   용례   미스터 김, 언제쯤 국수를 먹여 줄 거야? 너무 뜸 들이지 말고 빨리 결혼해.
   例句   金先生, 什么时候举办结婚仪式啊? 别拖延了, 赶紧结婚吧。

14 귀 빠지다　耳朵掉出来
　　의미　태어나다, 출생하다
　　含义　诞生,出生
　　용례　오늘이 무슨 날인 줄 아니? 바로 내가 귀 빠진 날이야.
　　例句　知道今天是什么日子吗? 就是我出生的日子。

15 귀신(이) 곡 하다　见鬼
　　의미　기가 막힌다, (어떤 일이) 매우 기묘하다
　　含义　不可思议,(某事)非常奇妙
　　용례　그 말을 누가 믿어? 정말 귀신이 곡할 노릇이야.
　　例句　谁信那种话啊? 真是见鬼了。

16 기(가) 차다　气结
　　의미　어이없다
　　含义　无话可说
　　용례　그 사람이 과장이 되었다니 정말 기가 차서 말이 안 나온다.
　　例句　那个人居然当上了课长,气得我话都说不出来了。

17 기(를) 쓰다　使劲儿
　　의미　있는 힘을 다하다
　　含义　用尽全力
　　용례　내가 내년에 유학간다고 하니까, 친구가 기를 쓰고 말렸어.
　　例句　我说明年要去留学,朋友使劲儿地阻止了我。

18 깨가 쏟아지다　其乐融融
　　의미　오붓하다, 아기자기하게 몹시 다정하다
　　含义　和睦,美满幸福
　　용례　요즘 김 씨네 집은 깨가 쏟아지나 봐요. 늘 싱글벙글 웃고만 있어요.
　　例句　最近金先生家真是其乐融融啊,时常充满了开心的笑声。

19 날개 돋치다　生出翅膀
　　의미　(물건이) 많이 팔려나가다
　　含义　(东西)卖出很多
　　용례　다행스럽게도 이번 작품은 인기가 있어 날개 돋친 듯이 팔리고 있다.
　　例句　真幸运,这次的产品很受欢迎,产品像生翅一样被卖出了很多。

20 낯(이) 간지럽다　脸发烧
　　의미　어색하여 부끄럽다
　　含义　尴尬、不好意思
　　용례　낯간지럽게 이런 것을 어디다 내 놓겠나.
　　例句　干嘛说这种话呢,让我多不好意思。

21 냉가슴 앓다 心里发凉
　　의미　속으로 걱정하다
　　含义　心里担心
　　용례　냉가슴 앓지 말고 하고 싶은 말은 당당히 하시오.
　　例句　不要担心了,有什么话正大光明地说出来吧。

22 넋(을) 잃다　失神
　　의미　어떤 일에 열중하다, 아무 생각 없이 가만히 있다
　　含义　热衷于做某事,什么都不想静静呆着。
　　용례　연기에 열중하는 모습을 넋을 잃고 쳐다보고 있다.
　　例句　失神地盯着他热衷于演戏的模样。

23 눈 밖에 나다 不在眼中
　　의미　미움을 받다
　　含义　遭到厌恶
　　용례　감독의 눈 밖에 나서 이제 아무런 역할도 못하게 되었다.
　　例句　遭到了导演的厌恶,现在什么作用也起不上了。

24 눈에 넣어도 아프지 않다　放入眼内也不疼
　　의미　매우 귀엽다
　　含义　非常疼爱。
　　용례　눈에 넣어도 아프지 않은 외동딸이라지만 너무 버릇이 없다.
　　例句　虽说是放入眼内也不疼的独生女,但也太没规矩了。

25 눈총을 맞다　遭白眼
　　의미　(남의) 미움을 받다
　　含义　受到(别人的)厌恶
　　용례　그는 남의 눈총을 맞으면서도 하고 싶은 것은 하고 마는 못된 사람이다.
　　例句　他是那种即便遭到别人的白眼,也会按照自己的想法去做的烂人。

26 늦바람(이) 나다　老不正经
　　의미　나이 들어서 이성 관계를 가지다, 나이 들어서 외도하다
　　含义　年岁大了有异性关系,年岁大了搞外遇
　　용례　김 씨는 늦바람이 났는지 요즘 옷차림에 너무 신경을 쓰는 것 같다.
　　例句　金先生最近非常在意自己的穿着,好像是有外遇了。

27 돈벼락(을) 맞다　被钱的闪电击中
　　의미　갑자기 많은 돈이 생기다
　　含义　突然有了很多钱
　　용례　어떤 때는 돈벼락이라도 맞아 봤으면 하는 생각을 할 때가 있다.
　　例句　有时候我会想,要是能成为暴发户该多好。

28 들통이 나다　真相大白
　　의미　들키다, 숨긴 일이 발각되다
　　含义　暴露,隐藏的事情被发现
　　용례　아버지 몰래 저금을 써버린 것이 들통 나서 크게 꾸지람을 들었다.
　　例句　背着父亲偷偷花光了存款,被发现后挨了好一顿骂。

29 등골이 오싹하다　后背发冷
　　의미　공포감을 느끼다
　　含义　感到恐怖
　　용례　그 영화가 얼마나 무섭든지 정말 등골이 오싹함을 느꼈다.
　　例句　那部电影真是超级恐怖,我感到后背一阵阵发冷。

30 뜬구름을 잡다　不靠谱
　　의미　막연해서 걷잡을 수 없다, 허황된 일을 하다
　　含义　茫然不知所措、做荒唐的事
　　용례　저 사람은 뭔가 발명한다고 하면서 늘 뜬구름 잡는 이야기만 하고 있다.
　　例句　那个人说自己发明了什么东西,经常说些不靠谱的话。

31 마각을 드러내다　露出马脚
　　의미　숨겼던 본심이 드러나다, 정체가 드러나다
　　含义　隐藏的本心暴露,露出了本来面目
　　용례　얌전한 체 하더니 마침내 마각을 들어내기 시작했다.
　　例句　起初好像很文静,后来终于露出了马脚。

32 맞장구(를) 치다　迎合
　　의미　동조하다
　　含义　附和
　　용례　거짓인 줄 알면서도 모두 그 사람 말에 맞장구를 치고 있다.
　　例句　尽管知道是谎言,大家仍然对那个人的话表示附和。

33 머리(를) 식히다　冷静头脑
　　의미　잠시 휴식을 취하다
　　含义　暂时休息。
　　용례　이번 주말에는 머리를 식힐 겸 모두 산에나 갑시다.
　　例句　这个周末大家一起去爬山吧,顺便冷静下头脑。

34 머리(를) 조아리다　叩头
　　의미　(비굴할 정도로) 공손한 태도를 나타내다
　　含义　表现出恭敬谦逊的态度(以至低三下四的程度)
　　용례　옛날 임금에게 머리를 조아리던 것처럼 지금도 그렇게 하는 정치인이 있다.
　　例句　就像从前给国王叩头一样,现在也有那样的政治人士。

35 몸살(이) 나다　浑身酸痛
  의미　(어떤 일을 하고 싶어) 안달이 나다
  含义　(想做某事)而焦急
  용례　나이가 차서 결혼 하고 싶어서 몸살이 난 모양이다.
  例句　年纪大了想结婚,好像很焦急的样子。

36 못(을) 박다　板上钉钉
  의미　확실하게 언질을 주다
  含义　确定作出承诺
  용례　두 번 다시 딴 말을 하지 못하게 단단히 못을 박아 두어야 한다.
  例句　不要再说别的了,必须板上钉钉把这事定死了。

37 무릎(을) 치다　拍膝盖
  의미　(문득 좋은 생각이 나서) 감탄하다
  含义　(突然出现好的想法)感叹
  용례　김 박사는 뭔가 새로운 발견을 했다는 듯이 무릎을 쳤다.
  例句　金博士拍了一下膝盖,好像有了什么新发现。

38 물(을) 먹이다　让某人难堪
  의미　곤란에 빠뜨리다
  含义　使其陷入难堪境地
  용례　나를 물 먹이려는 사람들에게 꼭 본때를 보여 줄 것이다.
  例句　想让我难堪的人,我一定会让他知道我的厉害。

39 미끼를 던지다　抛出诱饵
  의미　꾀다, 유혹하다
  含义　诱骗,诱惑
  용례　여러 번 미끼를 던졌지만 그의 뜻은 확고하여 결국 성공하지 못 하였다.
  例句　虽然几次抛出诱饵,但他的意志坚定,最终没有成功。

40 바가지(를) 긁다　发牢骚
  의미　(아내가 남편에게) 불평이나 불만을 늘어놓다, 잔소리를 하다
  含义　(妻子向丈夫)抱怨或表示不满,唠叨
  용례　어느 가정에서나 여성이 바가지를 긁는 일은 흔히 있는 일이다.
  例句　不管在哪个家庭,女性发牢骚的事情都是很常见的。

41 바가지(를) 쓰다　买贵了
  의미　(요금이나 물건 값을) 터무니 없이 많이 치르다
  含义　(费用或物价)代价高得离谱
  용례　겉보기가 좋아서 샀는데 결국 바가지를 써버렸다.
  例句　外表很好于是买了下来,后来发现买贵了。

42 바람(을) 잡다 气氛搞得一团糟
   의미   분위기를 고조시키다
   含义   破坏氛围
   용례   김 선생이 바람을 잡아서 모임에 참가했는데 아주 실망이야.
   例句   金先生参加了聚会,把气氛搞得一团糟,真失望。

43 바람(을) 피우다   搞外遇
   의미   배우자 아닌 이성과 사귀다
   含义   与不是配偶的异性交往
   용례   감쪽같이 바람을 피웠는데 오래지 않아 들켜버렸다.
   例句   瞒天过海地搞了外遇,不久就事情败露了。

44 발목(을) 잡다   抓住脚腕
   의미   행동을 하지 못하게 하다
   含义   牵制,使其不能行动
   용례   야당이 발목을 잡는 바람에 의안 심의가 늦어지고 있다.
   例句   由于在野党的牵制,议案的审议推迟了。

45 발이 넓다   脚宽
   의미   교제 범위가 넓다
   含义   交际范围广泛
   용례   그는 발이 넓어 서울시내 어디를 가나 아는 사람이 많다.
   例句   他交际很广,在首尔市内不管去哪儿都认识很多人。

46 배꼽이 웃다   笑破肚皮
   의미   어이없다, 가소롭다
   含义   荒唐,可笑
   용례   그런 말을 믿을 사람은 아무도 없어요. 정말 배꼽이 웃을 일이야.
   例句   不会有人相信那种话的,说出去让人笑破肚皮。

47 벙어리 냉가슴 앓다   哑巴吃黄连
   의미   혼자 속으로 애태우다
   含义   有苦难言
   용례   벙어리 냉가슴 앓듯이 아무에게도 말을 못하고 있다.
   例句   真是哑巴吃黄连,和谁也不能说。

48 벼락(이) 떨어지다   大发雷霆
   의미   큰 변이 생기다, 큰 타격이 가해지다
   含义   产生大的变化,给予大的打击
   용례   아버지의 허락 없이 여행을 떠났다고 해서 벼락이 떨어졌다.
   例句   未经父亲允许就去旅游,于是遭到了雷霆之怒。

49 불똥이 튀다 出气
 의미 관계없는 사람에게 화가 미치다
 含义 向无关的人发火
 용례 혹 본인에게 불똥이 튈까 해서 모두들 벌벌 떨고 있다.
 例句 怕自己成为出气筒,大家都瑟瑟发抖。

50 부아통이 터지다 气炸了肺
 의미 분하다
 含义 愤怒
 용례 그놈에게 당하다니, 정말 부아통이 터져 견딜 수 없네.
 例句 居然被他暗算了,真是气炸了肺。

51 불꽃 튀기다 火花四溅
 의미 격렬하게 다투다
 含义 激烈地作战
 용례 불꽃 튀기는 접전 끝에 결국 선배 팀이 승리를 거두었다.
 例句 经过一番激烈的作战,最终前辈的队伍取得了胜利。

52 비위를 거슬리다 犯冲
 의미 마음을 상하게 하다
 含义 使伤心
 용례 공동생활을 하다보면 비위 거슬리는 일이 어디 한 두 번이겠는가?
 例句 共同生活在一起,彼此犯冲的事儿也不是一次两次了吧?

53 비지땀(을) 흘리다 大汗淋漓
 의미 무척 힘들이다
 含义 非常吃力
 용례 비지땀을 흘려서 노력한 결과 그나마 이 정도까지 되었습니다.
 例句 大汗淋漓地努力过后,却只得到了这种结果。

54 빗발(이) 치다 枪林弹雨
 의미 (비난이나 요구 등이) 성화 같다
 含义 (责难或要求等)像星火一样
 용례 빗발치는 비난 때문에 사장은 자리에서 물러나게 되었다.
 例句 由于枪林弹雨般的责难,社长不得不从原地后退了几步。

55 서슬이 (시)퍼렇다 气势汹汹
 의미 기세가 등등하다
 含义 咄咄逼人
 용례 서슬이 시퍼런 검사의 날카로운 심문에 범인들은 벌벌 떨고 있었다.
 例句 由于气势汹汹的检察官犀利的审问,犯人们都在瑟瑟发抖。

56 숨을 죽이다　大气不出
　　의미　자기 생각을 내세우지 못하고 조용히 있다
　　含义　静静呆着,不敢说出自己的想法
　　용례　모두들 숨을 죽이고 사태의 추이를 바라보고 있었다.
　　例句　大家都大气不敢出,观望着事态的发展。

57 시치미(를) 떼다　佯装
　　의미　딴청 부리다, 모르는 체하다
　　含义　装样,假装不知
　　용례　김 씨는 시치미를 딱 떼고 먼 산을 바라보고 있었다.
　　例句　金先生假装自己不知情,注视着远处的山。

58 애를 먹다　吃苦头
　　의미　마음 고생하다
　　含义　心受苦
　　용례　완고한 아버지를 설득하느라 애를 먹었다.
　　例句　为了说服顽固的父亲,吃尽了苦头。

59 어안이 벙벙하다　目瞪口呆
　　의미　기가 막히다
　　含义　哑口无言
　　용례　내일까지 그 일을 다 하라는 말을 듣고 어안이 벙벙했다.
　　例句　听到让到明天为止完成那件事的命令,目瞪口呆了。

60 어처구니없다　荒唐,无法理解
　　의미　어이가 없다
　　含义　无可奈何
　　용례　살다보면 이런 어처구니없는 일도 당하는구나.
　　例句　活着活着居然会遇到这么令人无可奈何的事。

61 오금을 못 펴다　噤若寒蝉
　　의미　꼼짝하지 못하다
　　含义　一动都不敢动
　　용례　그는 무서운 아내 앞에서 오금을 못 펴고 살고 있다고 한다.
　　例句　据说他在恐怖的老婆面前一直噤若寒蝉。

62 입맛(을) 다시다　咂嘴
　　의미　(음식 따위를) 탐내다
　　含义　贪图(食物等)
　　용례　형이 맛있게 먹는 것을 보면서 동생이 입맛을 다시고 있다.
　　例句　看到哥哥津津有味地吃着,弟弟咂了咂嘴。

63 입에 풀칠(을) 하다　糊口
　　의미　근근이 살아가다
　　含义　生活得紧紧巴巴
　　용례　회사를 그만둔 뒤에 다섯 식구가 겨우 입에 풀칠을 하고 있다.
　　例句　从公司辞职后,一家五口仅能糊口了。

64 입이 걸다　嘴贱
　　의미　험한 말을 함부로 하다
　　含义　随意说严重的话
　　용례　그는 입이 걸어서 같이 이야기도 못하겠어. 어디서나 욕을 해대니 말이야.
　　例句　他的嘴太贱了,不能和他交谈,不管在哪儿都能说出脏话。

65 입이 찢어지다　嘴巴笑裂了
　　의미　기뻐서 어쩔 줄 모르다
　　含义　太高兴了不知所以
　　용례　진급소식을 듣고 그녀는 입이 찢어질듯이 웃고 있었다.
　　例句　听到提升的消息,她的嘴巴都笑裂了。

66 자리(를) 잡다　有了一席之地
　　의미　짜임새 있게 되다, 처지가 안정되다
　　含义　有了某种地位,处境安定
　　용례　오래 고생을 했지만, 이제 겨우 자리를 잡게 되었습니다.
　　例句　虽然受了很多苦,但现在总算有了一席之地。

67 장단(을) 맞추다　合着节奏
　　의미　동조하다
　　含义　同意、附和
　　용례　철없는 아이들 말에 장단을 맞추며 아직도 정신을 차리지 못하고 있다.
　　例句　不懂事的孩子们盲目附和着,精神都没清醒过来。

68 재갈(을) 물리다　封口
　　의미　힘으로 발언을 못하게 하다
　　含义　利用力量使其不能发言
　　용례　독재국가에서는 국민들 입에 재갈을 물리곤 한다.
　　例句　在独裁国家,国民经常被封口。

69 주름(을) 잡다　执牛耳
　　의미　주도권을 잡다, 마음대로 다루다
　　含义　掌握主导权,随心安排
　　용례　이 업계에서는 역시 김 씨가 주름을 잡고 있다고 해야 할 거야.
　　例句　还得说整个业界只有金先生能掌握主导权。

70 쥐구멍(을) 찾다　找老鼠洞
　　의미　부끄러워 그 자리에 있기 민망하다
　　含义　太丢脸了,不好意思呆着原地
　　용례　아이들 보기가 민망해서 쥐구멍이라도 찾고 싶은 심정이야.
　　例句　被孩子们看得太不好意思了,真想找个老鼠洞钻进去。

71 진절머리(가) 나다　厌腻
　　의미　지긋지긋한 느낌이 들다
　　含义　令人厌恶
　　용례　그는 앉으면 자기자랑이야. 정말 진절머리가 난다.
　　例句　他一坐下就是自吹自擂,真让人腻歪。

72 쪽 팔리다　丢脸
　　의미　부끄럽다
　　含义　不好意思
　　용례　쪽 팔리게 그런 말은 하지 마세요. 나도 고의적으로 한 일은 아니잖아요.
　　例句　怪丢脸的别说那种话了,这件事又不是我故意的。

73 찬물을 끼얹다　泼冷水
　　의미　일을 망치다, 분위기를 깨다
　　含义　搞坏事情,破坏氛围
　　용례　협상이 잘 되어 가려고 하는데 그의 한 마디가 찬물을 끼얹는 결과가 되었다.
　　例句　本来协商进行得很好,但他的一句话把事情搞坏了。

74 치맛바람　裙子带起的风
　　의미　여자들의 극성스런 활동
　　含义　比喻女性过激的活动
　　용례　한때 치맛바람이 우리나라 학교교육에 큰 문제를 던진 적이 있었다.
　　例句　曾经有过一阵,女性的过激活动给韩国的学校教育带来了很大的问题。

75 침(을) 삼키다　咽口水
　　의미　좋은 것을 탐내다
　　含义　贪心好的东西
　　용례　보기에도 탐스러운 음식을 보고 아이들은 모두 침을 삼켰다.
　　例句　看到这些色香味美的食物,孩子们都咽了口水。

76 칼로 물베기　用刀割水
　　의미　행위의 결과가 심각하지 않다, 주로 부부싸움을 일컫는 말
　　含义　行为的结果不严重,主要用于夫妻吵架。
　　용례　부부싸움은 "칼로 물베기"라고는 하지만, 저 집은 싸움이 너무 잦다.
　　例句　虽说夫妻吵架是"无伤大雅",但那家吵架也太频繁了。

77 코가 땅에 닿다　鼻子碰地
　　의미　공손한 모습을 취하다
　　含义　一副恭敬谦虚的模样
　　용례　무슨 잘못을 했는지 코가 땅에 닿도록 빌고 있다.
　　例句　不知道做错了什么，正鼻子碰地求饶呢。

78 코가 삐뚤어지다　鼻子歪了
　　의미　술에 너무 취하다
　　含义　酩酊大醉
　　용례　야, 오래간만이야. 반갑구나. 오늘은 코가 삐뚤어질 때까지 마셔 보자.
　　例句　喂，好久不见，见到你真高兴啊。今天我们喝个酩酊大醉吧！

79 코앞에 닥치다　就在眼前
　　의미　시일이 급하다
　　含义　时日不多
　　용례　학기말 시험이 바로 코앞에 닥쳤는데 놀고만 있어서 되겠는가?
　　例句　期末考试就在眼前了，怎么能光玩呢?

80 코끝이 찡하다　鼻子酸
　　의미　몹시 감격하다
　　含义　非常有感触
　　용례　하늘에서 조국의 산하를 내려다 본 순간 코끝이 찡해지는 것을 느꼈다.
　　例句　从天空中俯视祖国河山的那个瞬间，我感到鼻子一阵酸楚。

81 코 묻은 돈　小孩子的零花钱
　　의미　어린 아이들이 가지고 있는 돈
　　含义　小孩们拥有的钱，比喻很少的钱
　　용례　그 사기꾼은 코 묻은 돈까지 다 긁어모아 도망을 쳤다.
　　例句　那个骗子连小孩子们的钱都骗出来逃跑了。

82 콧날이 시큰해지다　鼻子酸溜溜的
　　의미　감동하다
　　含义　感动
　　용례　이산가족들이 상면하는 모습을 보면서 콧날이 시큰해졌다.
　　例句　看着离散家属们见面的场景，鼻子酸溜溜的。

83 콧노래(를) 부르다　用鼻子哼歌
　　의미　일이 잘 되어 기분을 내다
　　含义　事情进行得很顺利，心情很好
　　용례　지금이 이느 때인가? 콧노래를 부르고 있을 때가 아니야.
　　例句　现在是什么时候啊？可不是用鼻子哼歌的时候。

84 콩으로 메주를 쑤다　用大豆熬酱引子
　　의미　당연한 일을 해도 못 믿음
　　含义　即便做理所应当的事情也不能相信
　　용례　콩으로 메주를 쑨다고 해도 자네 말은 이제 못 믿겠네.
　　例句　就算是用大豆熬酱引子,现在我也不相信你的话了。

85 토(를) 달다　狡辩
　　의미　이유를 대다, 덧보태어 말하다
　　含义　找借口,解释
　　용례　당신이 토를 달지 않아도 그 일은 이미 잘 알고 있어요.
　　例句　你不用解释,我也已经知道那件事了。

86 파리(를) 날리다　追着苍蝇乱飞
　　의미　영업이 잘 안되다, 불황이다
　　含义　营业不善,不景气
　　용례　물건은 안 팔리고 하루 종일 파리만 날리고 앉아 있다.
　　例句　东西卖不出去,一整天光追着拍苍蝇了。

87 판을 짜다　拉帮结派
　　의미　어떤 조직체를 구성하다
　　含义　组成某种组织体
　　용례　지금 정계에서는 새롭게 판을 짜는 작업이 진행되고 있다.
　　例句　现在政界正在重新进行拉帮结派的事情。

88 팔자(가) 늘어지다　八字好
　　의미　근심 걱정이 없이 편안하다
　　含义　无忧无虑很舒坦
　　용례　요즘은 장사도 잘 되고 아이들도 성공해서 팔자가 늘어지고 있다.
　　例句　最近生意也好,孩子们也成功了,真是命好啊。

89 팔자가 드세다　八字不好
　　의미　평생의 운수가 나쁘다, 고생을 많이 하다
　　含义　一辈子运气不好,受尽辛苦
　　용례　내 팔자가 드세서 그런지 도무지 사정이 나아지질 않는다.
　　例句　也许是我的八字不好,事情怎么也不见好转。

90 피가 거꾸로 솟다　血气倒涌
　　의미　하는 일이 잘 안되어 화가 치밀다
　　含义　做的事情不顺利火气上涌
　　용례　일을 하다보면 피가 거꾸로 솟는 일도 흔히 있을 수 있다.
　　例句　做着做着事情,经常会有火气上涌的事情发生。

91 피가 마르다 血干涸了
    의미　몹시 괴롭다
    含义　非常痛苦
    용례　피가 마르는 고통을 참으면서 밝은 내일을 바라보고 살고 있다.
    例句　忍受着坐立不安的苦痛,急盼着晴朗的明天。

92 핏줄이 당기다　血浓于水
    의미　혈육의 정을 느끼다
    含义　感到血缘的情意
    용례　한 때는 다시 보지 않으려 했지만 그래도 핏줄이 당겨서 다시 보게 된다.
    例句　曾经有段时间不想见面,但血浓于水,再次相见了。

93 필름이 끊기다　记忆中断
    의미　(술을 마시고) 정신을 잃다
    含义　(喝了酒)失去意识
    용례　어제는 필름이 끊겨서 어떻게 집에 돌아왔는지 알 수 없다.
    例句　昨天断弦了,怎么回的家都不知道。

94 하늘의 별 따기　天上摘星
    의미　매우 어려운 것
    含义　非常困难的事情
    용례　그 시험에 합격하기란 정말 하늘의 별따기다.
    例句　在那次考试中想及格真是天上摘星星般困难。

95 하늘이 무너지다　天塌下来
    의미　놀랍고 당황스럽다
    含义　震惊、慌张
    용례　아버지가 돌아가셨다는 전화를 받고 정말 하늘이 무너질 것 같았다.
    例句　接到父亲去世的电话,感觉好像天塌下来了。

96 한 가락 하다　首屈一指
    의미　(어떤 분야에서) 실력이 뛰어나다
    含义　(在某个领域)实力卓越
    용례　이 분야에 있어서는 그는 한 가락 한다고 해도 과언이 아니다.
    例句　在这个领域内,说他是首屈一指也不为过。

97 한숨(을) 돌리다　松口气
    의미　여유를 갖게 되다
    含义　有了闲暇
    용례　이제 시험도 끝나고 해서 한숨 돌리게 되었다.
    例句　现在考试也结束了,能松口气了。

98 한숨(을) 쉬다　叹气
　　의미　　낙담하다
　　含义　　灰心
　　용례　　한숨만 쉰다고 해서 문제가 해결되는 것은 아니다.
　　例句　　光叹气是解决不了问题的。

99 혀가 꼬부라지다　舌头打弯
　　의미　　(술을 많이 마셔서) 발음이 이상해지다
　　含义　　(喝酒喝多了)发音变得奇怪
　　용례　　혀가 꼬부라질 만큼 술을 마시다니, 정말 미쳤구나.
　　例句　　喝酒喝得舌头都打弯了,真是疯了。

100 혀를 내두르다　张口结舌
　　의미　　(예상과 달라서) 많이 놀라다, 감탄하다
　　含义　　(由于与预想的不同)而大吃一惊,感叹
　　용례　　어린 학생의 놀라운 재주를 보고 모두 혀를 내둘렀다.
　　例句　　看见小学生的惊人才能,大家都张口结舌的。

101 활개(를) 치다　耀武扬威
　　의미　　의기양양하다, 혼자 판으로 놀다
　　含义　　得意洋洋,神气活现
　　용례　　폭력배들이 활개를 치고 다니는 일은 없어야 한다.
　　例句　　必须消除暴力组织到处耀武扬威的事情。

102 후광을 업다　沾光
　　의미　　배경의 덕을 보다
　　含义　　借着背景的功德
　　용례　　그는 아버지의 후광을 업고 마침내 두각을 나타내기 시작했다.
　　例句　　他借着父亲的光,也开始露出头角了。

3 절후(節候) 일람표 (节气一览表)

순위	절후명	시기	적요	주요 영농·만속 행시
1	입춘(立春)	2月5日左右	처음으로 봄기운이 나타나는 날로, 태양이 황경 315도에 위치함. 开始出现春天的气息,太阳位于黄经315度。	立春大吉·建陽多慶 등 방(榜)을 붙이고 햇나물 부침 등의 절식(節食)을 먹는다. 贴上"立春大吉、建阳多庆"等对联,吃炒蔬菜等节日食品。
2	우수(雨水)	2月21日左右	눈이나 얼음이 녹아 우수가 되어 내리는 날로, 태양이 황경 330도에 위치함. 冰雪融化变成雨水降落,太阳位于黄经330度。	논과 밭두렁 태우기를 하는 등 영농준비에 들어간다. 开始整修水田与旱田的田埂,为农业生产作准备。
3	경칩(惊蛰)	2月7日	겨울 동안 땅속에 들어있던 벌레가 나오는 날로, 태양이 황경 345도에 위치함. 冬季钻入地下的虫子出动,太阳位于黄经345度。	흙일을 하면 탈이 없다고 해서 벽을 바르기도 하고 담을 쌓기도 한다. 据说这天动土可消灾,所以人们会粉刷墙壁或砌墙。
4	춘분(春分)	3月21日左右	낮과 밤의 길이가 같아지는 날로, 태양이 춘분점에 달함. 白天与夜晚的长度相同,太阳到达春分点。	농촌에서는 씨앗을 뿌리고 이웃끼리 파종씨앗을 바꾸어 종자를 정선한다. 农村开始播种,邻居之间交换要播种的种子,精选出良种。
5	청명(清明)	4月5日	초목의 새싹이 돋아나서 무슨 식물인지 알 수 있게 되는 날로, 태양이 황경 15도에 위치함. 草木发芽,太阳位于黄经15度。	청명은 한식과 겹치는 경우가 많은데 한식날은 바람이 심해서 불이 나기 쉬우므로, 불을 사용하지 않고 찬밥을 먹는다. 清明与寒食重叠的情况很多,寒食时风大容易发生火灾,所以这天不生火,人们吃冷的食物。
6	곡우(谷雨)	4月20日	봄비가 내려서 곡류의 새싹이 뻗어 나는 날로, 태양이 황경 30도에 위치함. 春雨降落谷物发芽,太阳达到黄经30度。	농촌에서는 못자리를 하고 곳에 따라서는 고로쇠나무를 비롯한 나무의 수액을 받아 마신 다. 农村种植秧田,有的地方还会收集色叶槭等树木的树液饮用。

7	입하(立夏) 5月4日左右	여름이 시작되는 날로, 태양이 황경 45도에 위치함. 夏季的开始,太阳达到黄经45度。	못자리 돌보기 등 농사일이 한창 바쁜 때이다. 全心管理秧田,正是农忙的时节。
8	소만(小滿) 5月21日左右	만물이 차츰 성장해서 어느 정도의 크기에 도달하는 무렵으로, 태양이 황경 60도에 위치함. 万物逐渐成长到一定大小,太阳达到黄经60度。	보리가 익어가고 남쪽 지방에서는 감자꽃이 피기 시작한다. 大麦走向成熟,南方的土豆花开始盛开。
9	망종(芒种) 6月6日경左右	벼나 보리 등 곡물의 씨앗을 뿌리는 시기로, 태양이 황경 75도에 위치함. 水稻或大麦等谷物的夏季播种时期,太阳达到黄经75度。	보리의 수확기이다. 이 때까지 보리를 베어야 논에 벼를 심고 밭을 갈아 콩도 심을 수 있다. 大麦的收获季节。至此要收割完大麦,在水田里种上水稻,为了轮作也可种植大豆。
11	하지(夏至) 6月22日左右	태양열이 높아져서 낮이 가장 긴 날로, 태양이 하지점에 달함. 太阳热量增高,白天最长的一天,太阳到达夏至点。	모내기 후의 비료를 치고 병충해 방지 작업을 한다. 插秧之后的施肥作业,做防止病虫害的工作。
12	소서(小暑) 7月7日左右	본격적인 더위가 시작되는 날로, 태양이 황경 105도에 위치함. 正式进入酷暑的一天,太阳达到黄经105度。	장마와 가뭄이 겹치는 시기로 논물 관리와 논둑 수리 그리고 가뭄에 대비해서 양수기를 설치한다. 梅雨与干旱并存的时期,管理田里的水、修理田堤,为防旱设置抽水机。
12	대서(大暑) 7月23日左右	더위가 가장 심해지는 날로, 태양이 황경 120도에 위치함. 酷暑最为严重的一天,太阳达到黄经120度。	불볕더위, 찜통더위로 불리는 시기이다. 보리, 밀을 위시해서 수박, 참외 등의 과일이 나온다. 被称为火炉、蒸笼的酷暑时期。大麦、小麦等作物及西瓜、甜瓜等水果出现。
13	입추(立秋) 8月8日左右	처음으로 가을 기운이 나타나는 날로, 태양이 황경 135도에 위치함. 开始出现秋天的气息,太阳达到黄经135度。	김장용 무·배추를 심기 시작하며, 벼논에는 목도열병과 벼멸구를 막기 위해서 농약을 친다. 开始种植做越冬泡菜用的萝卜、白菜,为了防止稻热病、褐飞虱而给稻田喷洒农药。

14 처서(处暑) 8月23日左右	더위가 한풀 꺾이고 후퇴하기 시작하는 무렵으로, 태양이 황경 150도에 위치함. 酷暑势弱开始消退,太阳达到黄经150度。	논의 피를 뽑고 농두렁 풀베기를 하고, 참깨를 털고 옥수수을 수확한다. 拔除水田里的稗草、割掉田埂上的杂草、收获芝麻与玉米。
15 백로(白露) 9月8日左右	대기가 차가워져서 이슬이 내리기 시작하는 무렵으로, 태양이 황경 165도에 위치함. 天气变凉开始降落露水,太阳位于黄经165度。	벼이삭이 여물어가며 과일 등도 늦더위에 알이 충실해지고 단맛을 더하게 된다. 谷穗成熟,水果等由于秋老虎而果实饱满、味道更加甘甜。
16 추분(秋分) 9月23日左右	낮과 밤의 길이가 같아지는 날로, 태양이 추분점에 달함. 白天与夜晚的长度相同,太阳到达秋分点。	고추가 익기 시작하고 가을 누에치기, 건초 장만하기, 반찬용 콩잎따기 등도 한다. 辣椒开始成熟,秋季养蚕、收集干草、采摘做菜用的豆叶。
17 한로(寒露) 10月8日左右	이슬이 냉기에 의해서 얼게 되는 무렵으로, 태양이 황경 195도에 위치함. 露水由于冷气开始冻结,太阳位于黄经195度。	벼 베기를 시작하고 단풍은 한층 붉은 자태를 뽐내게 된다. 开始收割水稻,枫叶呈现出红满天的景象。
18 상강(霜降) 10月23日左右	이슬이 냉기에 의해서 서리가 되어 내리기 시작하는 무렵으로, 태양이 황경 210도에 위치함. 露水由于冷气开始变成霜降落,太阳位于黄经210度。	각종 농산물의 수확기이다. 또 가을 추수를 끝내고 또 남쪽 지방에서는 보리파종이 시작된다. 各种农产品的收获季节。结束了秋收之后,南方开始播种大麦。
19 입동(立冬) 11月8日	처음으로 겨울 기운이 나타나는 날로, 태양이 황경 225도에 위치함. 开始出现冬天的气息,太阳位于黄经225度。	찬 서리가 내리고 겨울을 앞두고 한 해의 마무리를 준비하는 시기이다. 降落冷霜,马上进入冬季,是一年中收尾的时期。
20 소설(小雪) 11月22日左右	눈이 조금씩 내리기 시작하는 무렵으로, 태양이 황경 240도에 위치함. 开始少量降雪,太阳位于黄经240度。	첫얼음과 첫눈이 내리는 시기이므로 무엇보다도 김장을 담고 월동 준비를 해야 한다. 开始上冻与降雪,此时最重要的是腌制越冬泡菜,做越冬准备。

21 대설(大雪) 12月7日左右	눈이 심하게 내리기 시작하는 무렵으로, 태양이 황경 255도에 위치함. 开始大量降雪,太阳位于黄经255度。	농촌에서는 누런 콩을 쑤어 메주를 만들기 시작한다. 메주를 잘 만들어야 한해 반찬의 밑천이 되는 장맛을 제대로 낼 수 있다. 农村开始熬黄豆做酱引子,只有做好酱引子才能做出美味的酱,才会一年到头吃到好吃的菜。
22 동지(冬至) 12月22日左右	태양이 가장 남쪽으로 기울어져 봄이 가장 짧은 날로, 태양이 황경 270도에 위치함. 太阳最为向南倾斜,夜晚最短的一天,太阳位于黄经270度。	이날에는 팥죽을 먹는다. 팥죽을 먹는 것은 팥의 붉은 색이 잡귀를 몰아내는 효과가 있다고 믿었기 때문이다. 这一天喝红豆粥,之所以喝红豆粥是因为人们相信红豆的红色可以驱除恶鬼。
23 소한(小寒) 1月5日左右	추위가 가장 심한 대한의 바로 앞 무렵으로, 태양이 황경 285도에 위치함. 在最为寒冷的大寒之前,太阳位于黄经285度。	정초한파로 불리는 강추위가 몰려오는 시기로서 농가에서는 땔감과 먹을 것을 집안에 충분히 비치하게 된다. 被称为"正初寒波"的酷寒时期,农民会在家中准备好充足的柴火与食物。
24 대한(大寒) 1月20日左右	추위가 가장 심해지는 무렵으로, 태양이 황경 300도에 위치함. 最为寒冷的时节,太阳位于黄经300度。	농가에서는 보리 등 농작물의 피해를 입지 않게 하고 또 전국적으로 산불이 많이 일어나기도 한다. 农民尽量使大麦等农作物不受损害,全国范围内多发生山火。

4 주요 민속행사 목록 主要民俗活动目录

행사시기	행사명	행사지 및 주최기관	행사의 성격
1月	정월대보름 들풀축제 正月十五放鼠火祭	북제주군청 北济州郡政府 www.jejusi.go.kr	종합축제 综合庆典
1月	성산 일출제 城山日出祭	제주도 남제주군 济州道南济州郡 www.seogwipo.go.kr	기타축제 其他祝祭
2月	고싸움놀이 축제 股斗游戏庆典	광주 고싸움놀이보존회 光州股斗游戏保存会 www.namgu.gwangju.kr	전통문화축제 传统文化庆典
2月	대관령 눈꽃축제 大关岭雪花祭	눈꽃축제추진위원회 雪花庆典促进委员会 www.snowfestival.net	기타축제 其他庆典
2月	태백산 눈축제 长白山雪祭	눈축제 위원회 雪祭委员会 www.mct.go.kr	기타축제 其他庆典
2月	만월제 满月祭	임영민속연구회 临瀛民俗研究会 www.imyeang.org	전통문화축제 传统文化庆典
3月	명동축제 明洞庆典	서울시중구청 首尔市钟路厅 www.jungu.seoul.kr	기타축제 其他庆典
3月	행주대첩제 幸州大捷祭	경기도 고양시 京畿道高阳市 www.goyang.go.kr	전통문화축제 传统文化庆典
3月	대현 이율곡 선생제 大贤李栗谷先生祭	강원도 강릉시 江原道江陵市 www.gangneung.gangwon.kr	기타축제 其他庆典
4月	의병 제전 义兵祭典	경상남도 의병제전위원회 庆尚南道义兵祭典委员会 www.kccf.or.kr	종합축제 综合庆典
4月	칠선녀축제 七仙女庆典	제주시 칠선녀축제위원회 济州市七仙女庆典委员会 www.jejuic.com	종합축제 综合庆典

4月	수안보 온천제 水安堡温泉祭	온천제수안보온천관광협회 温泉祭水安堡温泉观光协会 www.kagopa.com	기타축제 其他庆典
4月	마이산벚꽃축제 马耳山樱花庆典	전라북도 진안군 全罗北道镇安郡 www.mct.go.kr	종합축제 综合庆典
5月	밀양아랑제 密阳阿里郎祭	아랑제 집전위원회 阿里郎执典委员会 www.iklc.co.kr	종합축제 综合庆典
5月	가락문화제 驾洛文化祭	경상남도 김해시 庆尚南道金海市 www.gnedu.net	종합축제 综合庆典
5月	춘향제 春香祭	춘향제문화선양위원회 春香祭文化宣扬委员会 www.kdch.org	전통문화축제 传统文化庆典
5月	통일예술제 统一艺术祭	예총 의정부지부 韩国艺术文化团体总联合会 议政府支部 www.nj4n.net	예술축제 艺术庆典
5月	갑오동학혁명기념문화제 甲午东学革命纪念文化祭	전라북도 문화제 사업회 全罗北道文化祭事业会 www.okjeonju.net	전통문화축제 传统文化庆典
6月	강릉단오제 江陵端午祭	강릉단오제 위원회 江陵端午祭委员会 www.danojefestival.or.kr	전통문화축제 传统文化庆典
6月	풍남제 丰南祭	전라북도 전주시 全罗北道全州市 www.jeonbuk.go.kr	종합축제 综合庆典
6月	지리산철쭉제 智异山杜鹃花祭	전라남도 구례군 全罗南道求礼郡 www.kccf.or.kr	전통문화축제 传统文化庆典
7月	해운대 축제 海云台庆典	해운대지구 번영회 海云台地区繁荣会 www.deoevent.co.kr	종합축제 综合庆典

7月	한여름밤 해변축제 仲夏夜海边庆典	제주시청 济州市政府 www.jejusi.go.kr	예술축제 艺术庆典
8月	부산바다축제 釜山海祭	부산광역시 釜山广域市 www.busan.go.kr	종합축제 综合庆典
8月	한려수도해양축제 闲丽水道海祭	경상남도 통영시·마산시 庆尚南道统营市、马山市 www.gnty.net	종합축제 综合庆典
8月	춘천인형축제 春川木偶庆典	강원도 춘천시 江原道春川市 www.chuncheon.go.kr	예술축제 艺术庆典
8月	만해제 万海祭	충청남도 만해제추진위원회 忠清南道万海祭促进委员会 www.kccf.or.kr	기타축제 其他庆典
8月	연산백중놀이 连山百中游戏	충남 백중놀이 전승보존회 忠南百中游戏传承保存会 www.kcct.or.kr	전통문화축제 传统文化庆典
8月	장보고 축제 张保皋庆典	전라남도 완주군 全罗南道完州市 www.efestival.co.kr	종합축제 综合庆典
9月	이천도자기축제 利川陶瓷祭	이천도자기 축제위원회 利川陶瓷庆典委员会 www.ceramic.or.kr	기타축제 其他庆典
9月	강강술래향토축제 强羌水越来乡土庆典	전라남도 해남문화원 全罗南道海南文化院 www.haenam.go.kr	전통문화축제 传统文化庆典
10月	인사동축제 仁寺洞庆典	서울시 종로구·흥사단 首尔市钟路区、兴士团 www.yha.or.kr	예술축제 艺术庆典
10月	남이장군대제 南怡将军大祭	서울시 용산구 首尔市龙山区 www.yongsan.seoul.kr	전통문화축제 传统文化庆典

10月	참성단축제 堑星坛庆典	인천시 강화군청 仁川市江华郡厅 www.kccf.or.kr	종합축제 综合庆典
10月	강화도문화제 江华岛文化祭	인천시 강화군청 仁川市江华郡厅 www.inpia.net	종합축제 综合庆典
10月	동래충렬제 东莱忠烈祭	부산시 동래구 釜山市东莱区 www.dongnae.go.kr	종합축제 综合庆典
10月	자갈치문화관광축제 扎噶其文化观光庆典	부산시 중구청·축제추진위원회 釜山市中区厅、庆典促进委员会 www.festival.busan.kr	종합축제 综合庆典
10月	달구벌축제 达句伐庆典	대구시 大邱市 www.encyber.com	종합축제 综合庆典
10月	안동민속축제 安东民俗庆典	경상북도 안동시 庆尚北道安东市 www.andong.go.kr	종합축제 综合庆典
10月	영일만축제 迎日湾庆典	경상북도 포항시 庆尚北道浦项市 www.liports.co.kr	종합축제 综合庆典
10月	대가야축제 大伽倻庆典	경상북도 고령군 庆尚北道高灵郡 www.fest.daegaya.net	종합축제 综合庆典
10月	한라문화제 汉拿文化祭	제주도관광협회 济州岛观光协会 www.mosan.co.kr	종합축제 综合庆典
10月	한밭문화제 大田文化祭	대전시문화제추진위원회 大田市文化祭促进委员会 www.tjart.or.kr	종합축제 综合庆典
10月	유성온천과학문화제 儒城温泉科学文化祭	문화제추진회 文化祭促进会 www.yuseong.daejeon.kr	종합축제 综合庆典

10月	광주김치대축제 光州泡菜大祝祭	광주시 光州市 www.kimchi.gwangju.kr	기타축제 其他祝祭
10月	율곡문화제 栗谷文化祭	경기도 파주시 京畿道坡州市 www.ggcf.or.kr	전통문화축제 传统文化庆典
10月	진해예술제 镇海艺术祭	경상남도 진해시 庆尚南道镇海市 www.old.jinhae.go.kr	예술축제 艺术祝祭
10月	설악문화제 雪岳文化祭	강원도 속초시 江原道束草市 www.seofakfestival.com	종합축제 综合庆典
10月	정선아리랑제 旌善阿里郎祭	아리랑제 위원회 阿里郎祭委员会 www.arirangfestival.org	전통문화축제 传统文化庆典
10月	충북예술제 忠北艺术祭	예총충북지부 韩国艺术文化团体总联合会 忠北支部 www.cbktu.or.kr	종합축제 综合庆典
10月	우륵문화제 于勒文化祭	예총충북지부 韩国艺术文化团体总联合会 忠北支部 www.kccf.or.kr	종합축제 综合庆典
10月	제천의병제 堤川义兵祭	제천의병제기념사업회 堤川义兵祭纪念事业会 www.tour.okjc.net	종합축제 综合庆典
10月	온달산성문화축제 温达山城文化庆典	충북, 축제추진위원회 忠清北道、庆典促进委员会 www.chapt.net	기타축제 其他庆典
10月	백제문화제 百济文化祭	충청남도 공주시 忠清南道公州市 www.chungnam.net	전통문화축제 传统文化庆典
10月	남도문화제 南道文化祭	전라남도 全罗南道 www.namdofood.or.kr	전통문화축제 传统文化庆典

10月	설화문화제 说话文化祭	예총아산지부 韩国艺术文化团体总联合会牙山支部 www.aan.go.kr	예술축제 艺术庆典
10月	해운대달맞이 축제 海云台赏月庆典	해운대지구 번영회 海云台地区繁荣会 www.haeundae.busan.kr	전통문화축제 传统文化庆典
10月	신라문화제 新罗文化祭	경상북도 경주시 庆尚北道庆州市 www.sillafestival.com	전통문화축제 传统文化庆典
11月	동춘당문화제 同春堂文化祭	대전시대덕구 大田市大德区 www.daedeok.go.kr	전통문화축제 传统文化庆典
11月	무등축제 无等庆典	광주시 光州市 www.mudeungsan.org	종합축제 综合庆典
11月	대둔산축제 大屯山庆典	전라북도 완주군 全罗北道完州郡 www.ddm.com	종합축제 综合庆典
11月	내장산 단풍축제 内藏山枫叶庆典	전라북도 정읍시 全罗北道井邑市 www.jeongup.go.kr	기타축제 其他庆典
11月	화순운주대축제 和顺云住大庆典	전라남도 화순군 全罗南道和顺郡 www.jeni.co.kr	종합축제 综合庆典
11月	감귤큰잔치 柑橘大庆典	제주시 감귤큰잔치위원회 济州市柑橘大庆委员会 www.jejuclasic.co.kr	기타축제 其他庆典

5 한국 연대표 韩国年代表

時代	年代	韓國
先史古朝鮮	B.C.5000경	절목문토기 사용되다
	B.C.1300경	무문토기 만들어지다
	B.C.400경	철기문화 보급되다
	B.C.108	고조선 멸망
	B.C.60~50	신라 건국(B.C.57)
		고구려 건국(B.C.37)
		백제 건국(B.C.18)
		가야 건국(A.D.42)
三國時代	372	고구려에 불교전래
	373	고구려 율령선포
	384	백제에 불교전래
	414	광개토대왕비 건립
	427	고구려 평양천도
	498	백제 耽羅(제주)를 통합
	520	신라 율령선포, 관복을 정함
	562	가야 멸망
	576	신라 源花(뒤에 花郎)제도를 편성
	602	관륵 일본에 역본과 천문지리서 전함
	608	담징과 법정 일본에 종이와 먹 등 전함
	634	경주 분황사 건립
	647	경주 첨성대 건립
	660	백제 멸망
	668	고구려 멸망
	698	대조영이 지휘하는 고구려 유민 震國을 세움
	713	震國, 국호를 渤海로 고쳐 上京에 도읍을 정하다
統一新羅時代	715	불국사의 다보탑·석가탑 건립
	720	황용사 9중탑 건립
	751	불국사·석굴암 건립
	771	봉덕사신종 주조됨

时代	年代	事件
先史古朝鲜	公元前5000年左右	使用栉纹土器
	公元前1300年左右	无纹土器被制成
	公元前400年左右	铁器文化普及
	公元前108年	古朝鲜灭亡
	公元前60年~50年	新罗建国(公元前57年)
		高句丽建国(公元前37年)
		百济建国(公元前18年)
		伽倻建国(公元42年)
三国时代	372	佛教传入高句丽
	373	高句丽宣布律令
	384	佛教传入百济
	414	广开土大王碑树立
	427	高句丽迁都平壤
	498	百济统一了耽罗(济州)
	520	新罗宣布律令,规定官服
	562	伽倻灭亡
	576	新罗形成源花(后来的花郎)制度
	602	观勒将力本说及风水地理说传入日本
	608	昙徵、法定将纸与墨传入日本
	634	庆州芬黄寺建立
	647	庆州瞻星台建立
	660	百济灭亡
	668	高句丽灭亡
	698	大祚荣指挥的高句丽遗民建立震国
	713	震国将国号改为渤海,并定都上京
统一新罗时代	715	佛国寺的多宝塔、释迦塔建立
	720	皇龙寺的九层塔建立
	751	佛国寺、石窟庵建立
	771	凤德寺神钟被铸造

統一新羅時代	802	가야산 해인사 건립
	900	甄萱 후백제 건국
	901	弓裔 후고구려 건국
	918	王建 고려 건국
	936	고려 후백제 공격하여 전국통일
高麗時代	960	백관의 공복을 제정, 開京을 皇都로, 西京을 西都로 삼음
	1145	《三國史記》 편찬
	1231	몽골군 1차 침입하여 1255년까지 6차에 걸쳐 침범을 되풀이함
	1236	8만대장경 완성
	1270	삼별초군 진도·제주를 기지로 몽골군에 철저 항전을 계속함
	1295	耽羅를 濟州로 고치다
	1350	이 시기에 왜구의 침입이 계속됨
	1363	文益漸 중국으로부터 면 화종자를 가지고 옴
	1374	崔瑩 등 원정군 제주도의 몽골군을 격퇴함
朝鮮時代	1392	李成桂 고려왕을 추방하여 조선 건국
	1395	鄭道傳 등 《高麗國史》 37권을 편찬
	1419	李從茂의 원정군 대마도의 왜구를 소탕
	1444	훈민정음 만들어짐
	1451	김종서 등 《高麗史》 139권 편찬완성
	1456	사육신 처형됨
	1485	《經國大典》 완성
	1530	李荇 등 《新增東國輿地勝覽》 편찬
	1553	왜구 제주도에 침입, 각지에서 봉기 일어남
	1556	李滉 《朱子書節要》 저술함
	1559	임꺽정 등 농민봉기 일으킴
	1560	李滉 도산서원 건립
	1569	李珥 《栗谷全書》 저술
	1607	일본에 통신사 파견됨, 이후 1811년까지 12회에 걸쳐 계속됨
	1623	인조반정
	1636	병자호란
	1714	이중환 《擇里志》 저술

统一新罗时代	802	伽倻山海印寺建立
	900	甄萱建立后百济
	901	弓裔建立后高句丽
	918	王建建立高丽
	936	高丽攻打后百济,完成全国统一
高丽时代	960	规定百官的官服,将开京作为皇都,西京作为西都
	1145	《三国史记》编纂
	1231	蒙古军首次入侵,到1255年为止共侵犯六次
	1236	八万大藏经完成
	1270	三别抄军以珍岛、济州为基地,持续抵抗蒙古军
	1295	耽罗改名为济州
	1350	这一时期倭寇的入侵不断
	1363	文益渐从中国带来了棉花种子
	1374	崔莹等远征军击退了济州岛的蒙古军
朝鲜时代	1392	李成桂推翻了高丽王朝,建立朝鲜
	1395	郑道传等编纂37卷《高丽国史》
	1419	李从茂带领远征军横扫对马岛的倭寇
	1444	训民正音被制定
	1451	金宗瑞等编纂完成139卷《高丽史》
	1456	死六臣被处死
	1485	《经国大典》完成
	1530	李荇等编纂《新增东国舆地胜览》
	1553	倭寇入侵济州岛,各地叛乱纷纷而起
	1556	李滉著述《朱子书节要》
	1559	林巨正等发动农民叛乱
	1560	李滉建立陶山书院
	1569	李珥著述《栗谷全书》
	1607	派遣通信使到日本,到1811年为止共派遣12次
	1623	仁祖反正
	1636	丙子胡乱
	1714	李重焕著述《泽里志》

朝鮮時代	1791	천주교를 금지하여 서적을 불태우다 (辛亥의 邪獄)
	1802	안동김씨의 "세도정치" 시작되다
	1840	외국선 조선근해 침범 빈번해짐
	1845	영국군함 전라도 서해안일대 조사
	1848	프랑스군함 통상을 요구외국선박 경상·전라·황해·강원·함경도 등 5도에 나타남
	1863	대원군 정권 장악
國權強奪期	1876	일본군함 운양호 강화침입
	1894	갑오농민전쟁
	1910	한일합방
	1919	삼일독립운동, 동경에서도 유학생 약600여명이 모여 독립선언 서를 발표함
	1920	"동아일보"와 "조선일보" 발간 허가
	1925	일제 치안유지법 공포
	1929	광주학생운동
	1939	일제 국민징용령 시행
	1944	일제 학병제 실시
大韓民國	1945	해방
	1948	대한민국 정부수립
	1950	한국전쟁발발
	1953	정전협정 조인됨
	1960	4.19혁명
	1961	5.16군사혁명
	1965	한일기본조약 체결
	1980	광주시민항쟁
	1981	제5공화국 발족
	1986	서울 아시안 게임
	1987	제6공화국 발족
	1988	서울 올림픽 개최
	1991	남북한 유엔동시가입
	1993	김영삼 정부 발족
	1996	한국, OECD가입
	1998	김대중 정부 발족
	2003	노무현 정부 발족
	2008	이명박 정부 발족

朝鲜时代	1791	禁止天主教,烧毁书籍(辛亥邪狱)
	1802	开始了安东金氏的"势道政治"
	1840	外国船只频繁侵入朝鲜近海
	1845	英国军舰调查全罗道西海岸一带
	1848	法国军舰要求通商,外国船舶在庆尚道、全罗道、黄海道、江原道、咸镜道等五道出现
	1863	大院君掌握政权
国权强夺期	1876	日本军舰远洋号入侵江华岛
	1894	甲午农民战争
	1910	韩日合邦
	1919	三一独立运动,东京也有600多名留学生集会并发表了独立宣言
	1920	《东亚日报》与《朝鲜日报》获发行许可
	1925	日帝公布了治安维持法
	1929	光州学生运动
	1939	日帝实行国民征用令
	1944	日帝实施学兵制
大韩民国	1945	解放
	1948	建立大韩民国政府
	1950	爆发朝鲜战争
	1953	签订停战协定
	1960	4.19革命
	1961	5.16军事革命
	1965	缔结韩日基本条约
	1980	光州市民抗争
	1981	建立第五共和国
	1986	首尔亚运会
	1987	建立第六共和国
	1988	举办首尔奥运会
	1991	南北双方同时加入联合国
	1993	建立金泳三政府
	1996	韩国加入OECD
	1998	建立金大中政府
	2003	建立卢武铉政府
	2008	建立李明博政府